T0194871

Fühlen macht Sinn

Ulrich Beer · Malte R. Güth

Fühlen macht Sinn

Wie wir Gefühle erleben und warum wir sie brauchen

Ulrich Beer
Eisenbach, Deutschland

Malte R. Güth
Marburg, Deutschland

ISBN 978-3-662-57863-6   ISBN 978-3-662-57864-3   (eBook)
https://doi.org/10.1007/978-3-662-57864-3

Die Deutsche Nationalbibliothek verzeichnet diese Publikation in der Deutschen Nationalbibliografie; detaillierte bibliografische Daten sind im Internet über http://dnb.d-nb.de abrufbar.

Einbandabbildung: © anyaberkut/stock.adobe.com
Umschlaggestaltung: deblik Berlin

Springer ist ein Imprint der eingetragenen Gesellschaft Springer-Verlag GmbH, DE und ist ein Teil von Springer Nature
Die Anschrift der Gesellschaft ist: Heidelberger Platz 3, 14197 Berlin, Germany

Geleitwort

Das zweite Buch liegt vor: Fühlen macht Sinn! Wieder „diskutieren" der junge Psychologe, Malte R. Güth, und der erfahrene, langjährige Autor und Psychologe, Ulrich Beer, das Schrifttum Ulrich Beers: seine Gedanken, seine Texte. Und wieder lotet Malte R. Güth aus, ergänzt, erweitert, aktualisiert. Nach dem Buch *Alleinsein macht Sinn* widmen sie sich diesmal der Spannbreite der Gefühle.

Wir haben alle Gefühle. Aber würde Erich Fromm, der Autor des Buches *Haben oder Sein,* nicht sagen, wir sind Gefühle? Wir fühlen? In uns lieben, brodeln, brennen, nehmen ab, erkalten, neiden, hassen Gefühle von *über*bordend bis *unter*drückt, bewusst bis unbewusst? Brennen in uns nicht Sehnsucht und Liebe, brodeln Ärger, Wut, Hass? Mischen sich in uns nicht Gefühls-Wertungen, Feinabstufungen, Schattierungen und Nuancen, ständig,

unablässig? Und indem wir uns Gefühllosigkeit, Gefühlskälte verordnen und abverlangen, entfremden wir uns
dann nicht von uns selbst und unserem Menschsein?

Die Mitte zu finden zwischen Gefühlshitze und
Gefühlskälte, eine Balance, ein schwebendes Gleichgewicht, das möchte das Buch aufzeigen in psychologischen, philosophischen und wissenschaftlichen
Aspekten. Dem nachzugehen und sich selbst damit zu
konfrontieren, halte ich für eine Notwendigkeit der inneren Einkehr und der menschlichen Reife. Haben wir in
diesem Sinn nicht noch einen spannenden Weg vor uns?

Eisenbach   Roswitha Beer
24. Juni 2018

Vorwort

Mit Emotionen angemessen umzugehen, ist eine schwere Herausforderung. Im Gegensatz zu Gedanken sind sie nicht immer ausformulierbar, entziehen sich rationaler Analyse und zwingen uns manchmal, uns mit unangenehmen Wahrheiten über uns auseinanderzusetzen. Diese Wahrheiten sind so unangenehm, weil Emotionen körpereigene Signal sind. Sie geben uns Rückmeldung über unsere Ziele und Wünsche, ohne unser bewusstes Zutun. Nicht immer lässt sich akzeptieren, was wir durch unsere Gefühle über uns lernen.

Allerdings haben wir als vernunftgesteuerte Wesen die Möglichkeit, zu entscheiden, ob wir Wut, Furcht oder Sehnsucht Kontrolle über unser Handeln erlauben. Auch spielen unsere Gedanken eine entscheidende Rolle beim Erleben der Emotion. Oft sind die körperlichen Signale erst verständlich, wenn wir über sie nachdenken und wir sie in den passenden Kontext setzen. Diese Form der Kontrolle schützt uns vor dem ausufernden Affekt und macht uns reflektiert. Eine andere Strategie, unsere Gefühle zu verändern, besteht darin, sie zu unterdrücken. Gesellschaftliche Tabus und Gepflogenheiten nehmen uns oft den Raum, einer Emotion nachzugehen oder sie überhaupt bewusst wahrzunehmen, weil sie im Stress und Leistungsdruck untergeht. Arbeitskollegen, Vorgesetzte, Bekannte, sogar Familie und Freunde, wenn auch nicht explizit, stellen dann diese Forderung an uns: Das hat hier keinen Platz, du sollst so nicht fühlen!

Wie viel Kontrolle wir über Emotionen ausüben sollten und wie viel überhaupt möglich ist, will ich im Wechsel mit den Texten des bekannten Autors und Psychologen, Ulrich Beer, in diesem Buch diskutieren. Das richtige Maß an Kontrolle, sofern es existiert, soll dabei für den Leser ein Stück greifbarer werden. Das Tabu des Emotionsausdrucks, schlimmer noch des Empfindens, ist für mich ein wichtiges Thema. Das war es auch für Ulrich Beer, der stets dazu aufforderte, gerade das negative Ende des emotionalen Spektrums wahrzuhaben und sich zum Scheitern zu bekennen. Gefühle unbeachtet wegzuschieben, ist ein gefährliches Spiel. Sie immer auszuleben ebenso. Daher sind das unbedingte Wahrnehmen und das Wertschätzen jeder Emotion so lebensnotwendig. Nur so ist es möglich, von Emotionen zu lernen und sie zu meistern.

Für ihre enorme Hilfe bei der Fertigstellung dieses Buches will ich zunächst Roswitha Stemmer-Beer danken. Ich weiß dein fortgesetztes Vertrauen bei der Neuauflage von Ulrich Beers Texten sehr zu schätzen und danke dir für deinen Rat, v. a. aber für deine ehrliche Kritik. Ich danke meiner Familie für die unschätzbare Unterstützung, die sie mir schenkt. Mehr noch danke ich euch dafür, dass trotz aller Streitigkeiten die Gefühle der Jüngsten nie unbeachtet blieben.

Marburg   Malte Güth
23. Juni 2018

Inhaltsverzeichnis

1

Fühlen mit Leib und Seele

Zusammenfassung Gefühle sind die treibende Kraft des Menschen. Sie geben den Zielen, die wir uns setzen, Gewicht und dem Verhalten eine Richtung. Wie farblos unser Leben ohne Gefühle wäre! Hätten wir ein Leben ohne Emotionen – schwer vorzustellen – und ebenso – kaum zu denken – wie sich unser Leben ohne Gefühle gestalten würde: ohne kurzfristige, schwer benennbare Stimmungen oder eine klare ausdrucksstarke Emotion.

Emotionen üben Einfluss auf unser Denken, beeinflussen unseren Umgang mit anderen Menschen und umgekehrt lernen wir im Laufe des Lebens den Umgang mit Emotionen. Und doch wünschen sich viele ein Leben ohne oft verwirrende Emotionen. In diesem Kapitel werden psychologische Grundbegriffe und Theorien zur Emotion geklärt. Dazu soll gezeigt werden, welche Wirkung

© Springer-Verlag GmbH Deutschland, ein Teil von Springer
Nature 2019
U. Beer und M. R. Güth, *Fühlen macht Sinn*,
https://doi.org/10.1007/978-3-662-57864-3_1

Emotion auf unser Verhalten hat, und wie unser Leben ohne Emotion aussehen könnte.

1.1   Mehr als ein vages Gefühl

Malte R. Güth

Noch bevor der Verstand einen passenden Gedanken findet, verrät uns ein vages Gefühl, was um uns geschieht und was das Geschehen für uns bedeutet. Manche nennen es Intuition, manche Bauchgefühl. Unser Sprachgebrauch verdeutlicht, wie häufig das der Fall ist: „Ich habe das Gefühl, dass es auf den Straßen immer unsicherer wird.", „Ich habe das Gefühl, dass ich dem Nachbarn nicht trauen kann.", „Ich fühle mich bei dem neuen Arzt unwohl.", „Mit der Entscheidung für die Operation fühle ich mich besser.", „Es fühlt sich an, als wäre ich nicht ich selbst".

Diese Eindrücke sind oft nicht durch Fakten gestützt. Sie sind ungenau formuliert und basieren nicht auf einer vernunftgeleiteten Analyse der Situation. Es geht um das persönliche Erleben in einer Situation. In der Debatte ist das für uns von Vorteil. Schließlich kann uns niemand ausreden, wie es in uns im Augenblick aussieht. Wir haben die höchste Autorität über unsere Gefühle. In der sachlichen Diskussion mit einem Gefühl oder Eindruck zu argumentieren, führt daher oft zum Stillstand. Wie nun weiter? Darf ich meinem Gegenüber in seinem Gefühl widersprechen? Vielleicht ist sein Gefühl richtig? Vielleicht will er aber nur davon ablenken, dass er keine Argumente kennt, die ihn in der Überzeugung unterstützen würden, dass die Kriminalität steige, ein Politiker lüge oder die Jugend verrohe.

Schon Philosophen der Antike wie Chrysipp von Soloi sahen den starken Affekt als Feind der Logik. Irrationale, emotionale Impulse würden zu irrationalen Handlungen führen. Der ideale Mensch, der Stoiker, habe gelernt, seine Emotionen zu zügeln und sich nicht von Affekten verleiten zu lassen (Vogt 2004). Solches Gleichmaß der Seele, wie sie die Stoiker anpriesen, wurde über die Jahrhunderte wiederholt zur zentralen Tugend religiöser und philosophischer Strömungen.

Was sich hier bereits abzeichnet, ist ein Bild der ungestümen Emotion als Feind der Vernunft, der im eigenen Körper sitzt: Der Mensch besäße die natürliche Schwäche, von Gefühlen überwältigt werden zu können. Es sei ein Trieb von innen, der gegen unsere Interessen arbeite. Impulse des Affekts würden unterdrückt werden müssen, damit der Mensch sich mäßige. Im Idealfall bringe der Mensch die Ausschläge der Affekte auf ein Gleichmaß. Geben wir diesem Gedankenexperiment eine Chance.

Unter Kontrolle

Ich sitze mit geschlossenen Augen und gefalteten Händen auf der Bank in der leeren Kapelle. Es ist totenstill. Der frische Wind weht vom nahen Waldrand zu mir durch das Fenster. Mein Rücken lehnt an der kalten Steinwand. Ich liebe es, herzukommen. Niemand stört mich. Ich kann für mich sein. Alle Sorgen und alle Wünschen rücken in weite Ferne. Ich bin im Hier und Jetzt glücklich. Es fällt mir schwerer, mich zu erinnern, wie ich so oft in meinem Alltag die Nerven verlieren konnte: Wie ich Kollegen angeschrien habe, die sich nicht verhalten, haben wie ich es mir von ihnen vorgestellt habe. Wie enttäuscht ich war, dass ich es nicht zum Konzert meiner Kinder geschafft habe. Wie frustriert ich mit mir selbst war, weil ich immer ja sage und jedem, der nur fragt, erlaube, mich auszunutzen.

Seit ich herkomme, bin ich entspannter geworden. Ich arbeite weniger und verdiene weniger. Das ist aber in Ordnung. Ich kann mir die Zeit nehmen, die ich brauche, und bin mit Weniger zufrieden. Jetzt sehe ich alles klarer. Wenn ich merke, dass Unruhe in mir aufkommt, fühle ich, wie ich innehalten kann. Wenn mich Wut und Angst überkommen, kann ich es aushalten. Ich muss nicht um mich schlagen. Stattdessen fühle ich Kontrolle. All die Dinge, die mich früher frustriert haben, lagen außerhalb meiner Kontrolle. Ich hatte das Gefühl, selbst wenn ich mich noch so sehr abmühe, könnte ich nichts verändern. Doch ich habe gelernt, gehen zu lassen, was ich nicht verändern kann, und konzentriere mich auf meine Familie, meine Ausflüge in den Wald und in die Berge und auf meine Arbeit mit weniger Verantwortung, die mir viel Freude bereitet.

Ich öffne die Augen. Mein Blick wandert durch die kleine Kapelle am Waldrand. Früh am Morgen ist es draußen noch kalt. Die Sonne geht erst in einer Stunde auf. Ich stehe vor der Kapelle am Berghang, umgeben von Fichten und Kiefern. Von Norden her zieht ein starker Wind auf. Es wird Zeit, den Spaziergang fortzusetzen.

Den über die Stränge schlagenden Affekt zu kontrollieren, wie die Stoiker es verfolgten, wäre im deutschen Sprachgebrauch am ehesten mit der Kontrolle einer kurzen, heftigen Emotion zu vergleichen. Dabei spielt der körperliche Anteil der Emotion, wie z. B. Adrenalinausschüttung oder schnelles Herzklopfen, eine wichtige Rolle, allerdings: Wann immer eine Empfindung uns aufwühlt und uns drängt, etwas Unüberlegtes oder Spontanes zu tun, kann es sein, dass körperliche Signale unsere bewusste Kontrolle torpedieren. Solche Affekte zu kontrollieren, erscheint zunächst sinnvoll. Im Affekt entstehen oft bedauernswerte Taten. Gerade in der psychologischen Begutachtung vor Gericht ist bei impulsiven, unkontrollierten Handlungen von *Affekttaten* die Rede. Gemeint sind jene Taten, die aus einer übermächtigen körperlichen Erregung heraus begangen werden. Wir treten in Aktion, ohne über die Konsequenzen nachzudenken, ohne die Umstände zu berücksichtigen, ohne das Verhalten sozialen Normen, wie Gesetzen oder der ihnen zugrunde liegenden Moral, anzupassen.

Hintergrundinformation
Im deutschen *Strafgesetzbuch* regeln die *§ 20*[1] und *§ 21*[2] Ausnahmen von der Schuldfähigkeit. Wenn Angeklagte ihre Tat aufgrund einer „krankhaften seelischen Störung, wegen einer tiefgreifenden Bewusstseinsstörung oder wegen Schwachsinns oder einer schweren anderen seelischen Abartigkeit" nicht in der Lage sind, den kriminellen Charakter der Tat einzusehen, können sie unter *§ 20* für schuldunfähig erklärt werden. *§ 21* deckt Fälle ab, in denen nach denselben Kriterien von verminderter Schuldfähigkeit ausgegangen werden kann. Dabei ist zu beachten, dass es sich um juristische Begriffe handelt, nicht psychologische oder psychiatrische. Abwertende Bezeichnungen wie „seelische Abartigkeit" oder „Schwachsinn" sind in der

---

[1]Deutsches StGB *§ 20* https://www.gesetze-im-internet.de/stgb/__20.html.
[2]Deutsches StGB *§ 21* https://www.gesetze-im-internet.de/stgb/__21.html.

Behandlung psychiatrischer Erkrankungen nicht mehr üblich. Die entscheidende Komponente dieser Regelungen besteht darin, dass Angeklagte zum Zeitpunkt der Tat unfähig waren, die Schwere oder das Unrecht ihrer Tat zu erkennen. Beispielsweise gibt es zahlreiche Berichte von hirngeschädigten Patienten, die ein Schädel-Hirn-Trauma erlitten haben, strafrechtlich auffällig wurden und vor Gericht wegen ihrer Hirnschädigung auf verminderte Schuldfähigkeit plädiert haben.

Bei Straftaten, die häufig Verminderung der Schuldfähigkeit vor Gericht nach sich ziehen, handelt es sich oft um Affekttaten. Auch hier geht es um einen Begriff der Juristen, nicht der Psychologen. Gemeint sind Handlungen, bei denen der Angeklagte sich selbst nicht unter Kontrolle hatte und impulshaft aus einem überwältigenden Affekt heraus reagiert hat. Nicht selten wird wie bei dem Fall der Hirnschädigung die körperliche Komponente des unregulierten Affekts in den Vordergrund geschoben. Verteidiger erhoffen sich dadurch eine Lockerung des Strafmaßes, da der Angeklagte nicht bewusst entschieden haben soll, die Tat zu begehen.

Allerdings eröffnet die Argumentation der Stoiker für viele die Frage, ob reine Vernunft dem Gefühl nicht immer überlegen sei. Wenn gefühlsgesteuerte Impulse zu einem Kontrollverlust führen, sollten Gefühle dann nicht immer kontrolliert sein? Als präventive und schützende Maßnahme könnte jeder Mensch sein Bestes versuchen, nicht zu fühlen. Dann könnte jeder behaupten, nur aus bewusster Überzeugung heraus entschieden zu haben. Würde jeder aus reiner Vernunft handeln, gäbe es dann nicht weniger zu bereuen?

Ein Leben ohne (Mit-)Gefühl

Der Tag beginnt. Wir stehen auf, begrüßen beim Frühstück Familie oder Mitbewohner und bereiten uns auf die Arbeit vor. Neben einigen simplen Aufgaben stehen auch ein paar größere Herausforderungen an. Bei dem Gedanken an die Herausforderungen – an ihnen zu scheitern oder sie zu meistern – empfinden wir nichts. Wir haben keine Furcht, keinen Stress und spüren keinen Ehrgeiz oder Tatendrang.

Eine nüchterne Analyse der Anforderungen reicht uns, um zu beurteilen, wie viel Zeit wir in die Vorbereitung investieren müssen, wie anstrengend die Tätigkeit wird und wie wir sie mit unseren sonstigen täglichen Pflichten vereinbaren. Private und berufliche Pflichten unterscheiden wir nicht. Sie sind für uns weder positiv noch negativ. Beide sind lediglich Stichpunkte auf der Liste zu erledigender Aufgaben. Dementsprechend nehmen wir keine Priorisierung vor. Ob wir den Freund zurückrufen, der am Vorabend einige beunruhigende Nachrichten wegen seiner kranken Mutter und Problemen mit dem Lebenspartner auf dem Telefon hinterlassen hat oder ob wir ein letztes Mal die Präsentation von Quartalszahlen durchgehen, ist gleichwertig. Die Vernunft diktiert, beidem nachzugehen. Es gibt aber keine Abstufung in der Dringlichkeit. Daher sind die beiden Punkte gleich bedeutsam.

Wir entscheiden, die Präsentation zu wiederholen. Die Probe gelingt akzeptabel. Freude empfinden wir darüber nicht. Es ist vernünftig, die Karriereziele zu erreichen, da langfristig unser körperliches Wohlbefinden von der beruflichen Beschäftigung abhängt. Wir müssen nicht mehr Mühe als notwendig investieren. Es gibt keinen Anreiz dafür. So etwas wie Sehnsucht nach Anerkennung oder Ambition ist uns fremd.

Auf dem Weg zur Arbeit erfahren wir per Textnachricht, dass der Freund in einer misslichen Lage steckt. Die Mutter ist in die Notaufnahme eingeliefert worden, und zur selben Zeit kommt ans Licht, dass der Lebenspartner eine Affäre hat. Natürlich können wir kognitiv nachvollziehen, dass diese Ereignisse schlecht für den Freund sind. Das unwillkürliche Nachfühlen des emotionalen Zustandes eines anderen bleibt aus. Dass wir den Freund seit Jahren kennen und als Vertrauten betrachten, sorgt dafür, dass wir ihm zugetan sind. Um Freundschaft zu wahren, braucht es nicht unbedingt Emotion, um sie zu schätzen, schon.

Am Abend haben wir die Präsentation ohne besondere Vorkommnisse hinter uns gebracht. Niemand war begeistert und niemand enttäuscht. Es war ein Tag wie jeder andere, wie es ihn noch tausende Male für uns geben wird. Ohne Sehnen, ohne Streben wird sich dies auf diese Weise fortsetzen. Ein ewiger Zyklus, der nur seiner selbst willen aufrechterhalten wird, ist dem Tod kaum vorzuziehen.

Ein weiteres Mal hören wir von dem Freund. Dieses Mal meldet er sich nicht per Textnachricht. Er steht vor der Tür. Am Boden zerstört berichtet er von den Ereignissen. Seine Beziehung sei am Ende und die Ärzte wüssten nicht, ob die Mutter es schaffen wird. Er sei ratlos, wie er noch weitermachen soll. In wenigen Stunden sei seine Welt zusammen gebrochen. Er brauche dringend Hilfe, jemanden, der ihn verstünde und unterstütze. Doch wir empfinden nichts. Es gibt für uns kein Mitleid und keine Trauer. Wir sind nur da und nehmen alles teilnahmslos auf, sonst nichts.

In Unkenntnis von Freude, Lust, Angst oder Trauer gibt es keinen Wunsch, es gibt keine Motivation. Wir sind leer und antriebslos. Wir wissen, wie wir uns verhalten müssen, um am Leben zu bleiben und uns in der Welt zurecht zu finden. Ohne Emotion ist aber alles ohne Valenz, weder positiv noch negativ. Die Menschen, die sich von Gefühlen befreien wollen, bedenken nicht alle Folgen dieser Entscheidung. Sie wünschen sich zu sehr, allein auf die Vernunft zu hören und dass alle ihre Entscheidungen bewusster Kontrolle unterliegen. Denn wenn nicht, würde es bedeuten, dass sie ihr Leben nicht zu jeder Zeit im Griff haben und die Unsicherheit ertragen müssten. Unsicherheit ist aber ein natürlicher Bestandteil unseres Lebens.

Auch der engagierteste Verteidiger der emotionsarmen Entscheidungsfindung kann nicht leugnen, dass es Dinge gibt, die ihm wichtig sind – so wichtig, dass er sich affektiv an die Vorstellung bindet. Es muss nicht einmal ein anderer Mensch sein. Vielleicht geht es um die Erfüllung eines Traumes, das Erlernen einer Fähigkeit, die Entdeckung unbekannter Orte und Phänomene oder nur um die Ruhe eines sicheren Lebens. All das hat ohne Emotion keine Bedeutung. Es ist allen anderen Lebensentwürfen gleichzustellen, da nichts davon mehr oder weniger erstrebenswert für uns ist.

> Wir können ohne Emotion leben. Doch ist es ein Leben ohne Wollen, ohne Wünschen, ohne Wertigkeit und ohne Ziel.

Wie ist mit Emotion umzugehen? Paradoxerweise gibt sie unserem Verhalten eine Richtung, während sie uns zur selben Zeit, daran hindern kann, klar zu denken. Ohne Emotion verlieren wir den Antrieb, und mit ihr obliegt uns die Bürde, sie in unserem Interesse zu kontrollieren. Eine Wahl haben wir nicht. Wir sind mit der Kapazität zum emotionalen Empfinden geboren und können keinen Schalter umlegen, der uns affektfrei, neutral und kalt werden ließe. Deshalb müssen wir uns der Emotion, sei sie positiv oder negativ, stellen.

Anstatt sie als Hindernis in der Entscheidungsfindung zu betrachten, sollten wir versuchen, sie zu schätzen. Der menschliche Informationsverarbeitungsapparat vermag Fantastisches zu leisten. Doch ist er nicht jeder Situation gewachsen und hat Grenzen. So wie sie diesem Apparat Schwierigkeiten bereiten kann, bietet uns die Emotion in anderen Fällen eine zusätzliche Informationsquelle. Sie kann uns implizit mitteilen, was für uns von Bedeutung ist und was nicht.

Furcht lenkt Verhalten

Ein klassisches Beispiel ist die Vermeidung von lebensbedrohlichen Gefahren. Gehen wir im Wald spazieren, rechnen wir nicht mit Gefahr. Sorglos suchen wir Abstand vom Treiben des Alltags. Plötzlich stoßen wir auf eine Rotte Wildschweine, auf dem Waldpfad: da, plötzlich eine Bache und ihr Nachwuchs! Wir stehen starr vor Schreck. In diesem Augenblick denken wir nicht lange über die Folgen jeder Handlungsoption nach. Das unerwartete Auftauchen eines wilden Tieres löst in uns augenblicklich Furcht aus. Diese führt zur Verhaltensstarre.

In unserem Gehirn erhält die Bache automatisch eine Sonderstellung. Sind wir mit einer neuen Situation konfrontiert, gibt es mehrere Pfade in unserem zentralen Nervensystem, die sie nehmen kann, um unsere Reaktion zu bestimmen. Joseph LeDoux, ein Psychologe, der sich mit den neurobiologischen Grundlagen der Emotionen befasst, trennte in der Formulierung seines „Fight-Flight-Freezing Systems" (in etwa: *Kampf-Flucht-Starre System*) zwei Pfade (LeDoux 1998). Ein langer Pfad *(high road),* der über Areale sensorischer Informationsverarbeitung durch das Mittelhirn in höhere kortikale Schichten führe, ziehe eine ausführlichere Prüfung der Situation nach sich. Konfrontiert mit der Bache im Wald erscheint eine solche Verarbeitung von Nachteil. Dagegen LeDouxs kurzer Pfad *(low road)* lenke die Information bereits an einem frühen Punkt im Mittelhirn zu tieferen Strukturen unseres Gehirns, wie der Amygdala im limbischen System. Die Amygdala, eine im Gehirn beidseitig vorhandene, mandelförmige Struktur, dient uns mit zahlreichen Funktionen, die eng mit dem Emotionserleben verknüpft sind. Gegenüber der Bache im Wald ist ihre wichtigste Rolle, unser Furchtempfinden in Gang zu setzen und unseren Körper auf die angemessene Reaktion vorzubereiten. Über Verbindungen zu endokrinen Drüsen, dem vegetativen Nervensystem und motorischen Arealen unseres Gehirns leitet sie das Signal, das den gesamten Körper auf Flucht abstimmen soll (LeDoux 1992). Der Schweiß bricht uns aus, der Puls rast und die Muskeln sind angespannt – bereit, den Sprint zu starten. Die schnelle, emotionale Reaktion über den kürzeren Verarbeitungspfad führt dazu, dass wir erfolgreich den Rückzug antreten.

Solche Situationen begegnen uns täglich auch in Abwesenheit der Bache. Wenn etwas emotionale Bedeutung für uns hat, räumt unser Gehirn der Information eine Sonderstellung ein. Emotion kann als Filter dienen, der für uns hervorhebt, was durch Erfahrung oder, wie im Fall des wilden Tieres, durch Evolution besondere Bedeutung gewonnen hat. Das kann das Gesicht eines geliebten Menschen, der Duft des Kuchens, den die Mutter in der Kindheit für uns gebacken hat, oder das Geräusch eines Pistolenschusses sein. Hierin besteht die Macht der Emotion: Ohne unser bewusstes Zutun, färbt sie unsere Welt ein und bestimmt, was in den Vordergrund rückt. Auf diese Weise kann sie unsere Entscheidungen beeinflussen, zum Guten oder zum Schlechten.

So können uns Emotionen als Entscheidungsheuristiken unter die Arme greifen.

Eine *Heuristik* bezeichnet in der Psychologie eine Vereinfachung komplexer Informationen z. B. für die Entscheidungsfindung oder Meinungsbildung. Wenn wir bei einer Entscheidung viele Optionen zur Verfügung haben oder es eine schwer überschaubare Menge an Informationen gibt, die wir abwägen müssen, stellen Heuristiken effiziente Lösungswege bei der Eindampfung all dieser Informationen dar. Wenn wir uns beispielsweise mit den Arbeitskollegen nicht einig werden, wo wir zu Mittag essen gehen, können wir auf eine einfache Heuristik zurückgreifen. Z. B. könnten wir einfach das Lokal wählen, das am nächsten am Büro gelegen ist. Oder, wenn es ein Standardlokal gibt, an dem niemand etwas auszusetzen hat, das aber auch niemanden wirklich begeistert, können wir auf diese Lösung zurückgreifen. Menschen sind nachgewiesenermaßen sehr empfänglich für den Gebrauch von Heuristiken, da sie unseren Verstand entlasten. Mit einer einfachen Abkürzung ist unser Kopf frei, sich mit wichtigeren Angelegenheiten zu beschäftigen, bei denen die wohlüberlegte Entscheidung eine größere Rolle einnimmt.

Oftmals, wenn nicht genug Zeit bleibt, um alle Möglichkeiten sorgfältig zu prüfen, weil jetzt sofort eine Entscheidung her muss, zeigt die Emotion uns eine Abkürzung. *Intuition* oder *Aus dem Bauch heraus entscheiden* werden diese Art Heuristiken auch genannt. Dabei sind diese Entscheidungen nicht unbedingt von Nachteil. Das Gefühl, das in uns aufkommt, kann auf Lernerfahrung beruhen oder uns auf schnelle Art mitteilen, welche Entscheidungsalternative uns wirklich wichtiger ist, wenn wir mit logischer Erörterung auf keine Lösung kommen.

Allerdings ist es immer unangenehm, zu erfahren, dass sich persönliche Entscheidungen außerhalb unserer bewussten Kontrolle befinden. Es ist die Kenntnis einer Antriebskraft in uns, die die bewussten Steuerungszentren nach Belieben aushebeln kann. Sie sorgt dafür, dass wir in stressreichen oder aufregenden Situationen spontan und oft wider besseres Wissen handeln. Wir denken nicht mehr klar, wenn wir wütend das Telefongespräch mit dem Lebenspartner beenden und versuchen, uns im Straßenverkehr zurecht zu finden. Wir verlieren die Kontrolle, wenn uns die Furcht vor dem Scheitern mitten im Vortrag vor Kollegen und Vorgesetzten die Zunge verknotet. Wir denken nicht an die Konsequenzen, wenn wir vor lauter Freude über die Anerkennung das Ruder aus der Hand geben und Impulse zulassen. Wir sehen nicht den Silberstreifen am Horizont, wenn die Trauer uns glauben macht, alles Glück sei aus unserem Leben getilgt.

Aus diesen Einsichten rührt für viele der Wunsch nach Kontrolle über Emotionen. Diese muss nicht absolut sein. Wie bei den Stoikern kann Kontrolle bloß eingesetzt werden, um überwältigende Affekte zu beherrschen. Doch wenn Emotionen uns helfen, zu erkennen, was wichtig ist, dürfen wir sie dann kontrollieren?

> Es ist gefährlich, zu unterdrücken, was wir fühlen, denn es verschwindet nie völlig.

Über die Jahre stauen sich unterdrückte Gefühle auf und brechen eines Tages stärker als zuvor heraus. Gleichzeitig darf ich nicht alles herauslassen, was ich fühle. Nicht jede

Empfindung passt zu den Anforderungen, die gesellschaftliche Normen an uns stellen.

Mehr denn je verlangt die heutige Gesellschaft von uns ein sehr schmales Spektrum von Emotionen. Höhere Ansprüche an Service und Dienstleistungen setzen voraus, dass Angestellte ununterbrochen glückliche Gesichter zeigen und schwere Emotionsarbeit leisten, um die Launen der Gäste zu ertragen. Für Brüche im Privatleben gibt es immer weniger Verständnis. Zeitpläne müssen eingehalten und Dienstpläne ausgefüllt werden. Wenn Wachstum und Wettbewerbsfähigkeit jede Entscheidung bestimmen, durchzieht die Achtlosigkeit für seelische Belange jedes Berufsfeld – von der internationalen Bank bis hin zum Krankenhaus. Schwäche ist ein Tabu. Sie offenbart, dass wir nicht mehr mithalten können und auf der Strecke bleiben. Wer Familie hat, kann sich dieses Tabu nicht leisten. Die politische Bühne ist, wie der Ausdruck vermittelt, ein Schauspiel, und es besteht derjenige, der die Fassade am besten aufrechterhält. Die Angst vor Terror und durch Extremismus motivierte Gewalt ist allgegenwärtig. Aber viele Machthaber wollen um jeden Preis Stärke projizieren. Sie glauben durch Säbelrasseln, Gnadenlosigkeit und schärfere Grenzen, Ordnung in die Welt zu bringen. Niemals wollen sie Schwäche zeigen, und dasselbe verlangen sie von den Menschen: „Sei stark, habe keine Angst und fühle nicht, was du fühlst."

Dabei ist die Angst berechtigt. Es ist kein Zeichen von Stärke oder Reife, sie zu ignorieren und die Muskeln spielen zu lassen. Das ist die Denkweise eines Kindes, nicht aber erwachsener Staatsvertreter. Trotz aller Bombardierungen ziviler Lebensräume im Nahen Osten und dem fortgesetzten Leid, das alliierte Truppen sowie unsere Gegner erfahren, ist der Terror nicht kleiner geworden. Im Gegenteil – er scheint bedrohlicher denn je. Zeitungsredaktionen, Szeneclubs, Strandpromenaden, Weihnachtsmärkte und weitere sicher geglaubte Orte sind unter Beschuss durch die Konflikte geraten, in denen keiner Gefühl zulassen will. Indem Terroristen dämonisiert und Mitfühlende zu *Gutmenschen* erklärt werden, ist der Frieden kein Stückchen näher gerückt. Doch eine Lösung ist unerreichbar, wenn nicht zumindest der Versuch unternommen wird, die fremde Sichtweise einzunehmen.

Woher kommt der Hass? Woher kommt mein Hass? Was haben wir und was haben die anderen getan, um das zu verdienen? Nur ein Monster wäre zu diesen Gräueltaten in der Lage. Wir würden nie belebte Straßen attackieren und feiernde Menschen in die Luft sprengen. Und selbst wenn, es ist die Schuld der Terroristen. Sie entscheiden sich, zur Waffe zu greifen. Wir wollten die Gewalt nicht. Sie sind anders, oder nicht? Sie müssen anders sein. Dass sie anders sind und dass sie morden, gibt uns Recht. Es schenkt uns Überlegenheit. Wir handeln aus Verteidigung, und was motiviert sie? Was steckt hinter ihren Taten? Ist es wirklich Hass, oder ist es Angst? Es gibt keine Antwort, weil Gefühle nicht gestattet sind. Breitschultrig bauen sich Staatsoberhäupter vor dem Mikrofon auf. Sie pressen ihre wahren Gefühle in eine dunkle Ecke, um nicht am ganzen Leib zu zittern.

„Baut eine Mauer!", schreien sie überall. Zu groß sei die Welt geworden. „Isolieren wir uns. Wir zuerst, dann denken wir an die Anderen." Das sind die Parolen des Isolationismus, den Radikale an die Spitze von Staaten tragen. Unabhängig von der Kultur, gewinnen sie in Ländern über den Globus verteilt an Popularität. Verheerender noch als die Mauern aus Beton und Stahl sind die Mauern in den Köpfen, die sie hochziehen. „Haltet die Menschlichkeit im Zaun! Eure Feinde verdienen sie nicht. Denkt an euch selbst und nicht an die Angst." Sie verlangen dieselbe Gefühlsverdrängung von den Menschen wie von sich selbst.

Die Forderung ist toxisch. Der Zwang, nicht zu fühlen, ist ein Grundübel unserer Gesellschaft. Er berührt Konflikte, die jeder in unterschiedlicher Schwere schon erlebt hat. Deshalb hat die Forderung danach Erfolg. Nicht fühlen zu wollen, ist die schnelle, leichte Lösung, einem Gefühl aus dem Weg zu gehen.

> Was tun wir, wenn ein Gefühl uns zu übermannen droht? Was tun wir, wenn wir Gefühle haben, die uns peinlich sind? Was tun wir, wenn sie uns in eine Richtung lenken, die wir fürchten? Wie können wir uns schützen, ohne die Emotion zu ersticken? Was ist das angebrachte Maß der Kontrolle? Wie viel Gefühl ist erlaubt?

All das sind Fragen, die unser Dasein als fühlender Mensch so kompliziert machen. Uns steht frei, wie viel Kontrolle wir Emotionen einräumen und wie viel wir über sie ausüben. Wir müssen die Entscheidung treffen. Neue Perspektiven und die Offenheit, sich dem Unangenehmen zu stellen, sind notwendig. Ich meine, dass Emotion trotz aller Leiden erkundet und wahrgenommen werden muss. Gefühle sind ehrlich, und ich glaube, dass es die größte Kunst ist, mit ihnen umgehen zu können.

1.2   Das Tabu als Kitt und Dynamit

Ulrich Beer

Allem Anschein nach gibt es keine Gesellschaft ohne jene rational nicht begründbaren Einstellungshemmungen, die wir Tabus nennen. Wenn alte fallen, entstehen neue. Sie scheinen elementar zum Menschen zu gehören, ohne dass man ihre Funktion voll einsichtig machen und begründen kann. Auch herrschen nicht in allen Gesellschaften die gleichen Tabus, es dominieren jeweils andere. Eugen Gürster hat Recht, wenn er in seinem Buch „Tabus unserer Zeit" schreibt:

> Den Charakter, die besondere Stimmung, den geistigen *Geruch* nicht nur eines Volkes, sondern einer Gesellschaft, eines Vereins, erkennt man am eindeutigsten an dem, was dort nicht gern gesehen wird, was ausgeschlossen werden soll, kurz: was man nicht kennen und nicht wissen will. Stärker als durch gemeinsame Ideale und Ziele wird eine Gemeinschaft durch gemeinsame Tabus zusammengehalten, durch das, was sie von sich fernhalten will (Gürster 1964).

Zugleich haben Tabus offenbar eine entwicklungshemmende Wirkung. Die großen unlösbaren Weltprobleme stammen im Grunde aus jenen Einstellungshemmungen, die wir Tabus nennen, ihretwegen blieben sie bis heute unlösbar. Allenthalben stehen dem humanitären Fortschritt heilige Kühe im Weg. Das Tabu des Kommunismus erschwerte die Lösung der Ost-West-Konflikte, das Rassentabu hindert den friedlichen Aufstieg der Dritten Welt, das nationale Tabu die Einigung über veraltete Grenz- und Prestigekonflikte. Sexuelle Tabus verurteilen große Menschengruppen zum Unglück, das Eigentumstabu andere zur Armut.

Ob eine Gesellschaft wirklich durch Tabus zusammengehalten wird, ist eine Frage für sich. Sicher ist, dass sie, und zwar jede, die Neigung hat, gewisse Erscheinungen und bestimmte Menschen von sich fernzuhalten und gleichzeitig mit feindseligen Gefühlen zu belegen. So war zur Zeit Jesu der Aussatz ein Tabu wie heute etwa die Kriminalität, der Kommunismus oder der freie Gefühlsausdruck. Heute wie damals bewirkt das Tabu, dass Menschen diskreditiert, von der Liebe ausgeschlossen, ja der Missachtung ausgesetzt werden.

Tabu ist ein polynesisches Wort aus der Sprache der Maoris, das sich nicht ohne weiteres übersetzen lässt, aber in anderen Sprachen Analogien findet, etwa das römische *saver,* das *hagios* der Griechen oder *kadosch* der Hebräer. Auch bei vielen Völkern Amerikas, Afrikas und Asiens finden sich analoge Bezeichnungen für die Doppelbedeutung des Wortes Tabu. Es heißt einerseits so viel wie heilig, geweiht, unerreichbar, erhaben, auf der anderen Seite aber auch unheimlich, gefährlich, verboten, unrein oder gar verflucht. Sigmund Freud weist in seiner klassischen Arbeit *über Das Tabu und die Ambivalenz der Gefühlsregungen,* die

in dem Buch *Totem und Tabu* enthalten ist, auf den Sonder-
charakter der Tabubeschränkungen hin, die etwas anderes
seien als die religiösen oder moralischen Verbote:

> Sie werden nicht auf das Verbot eines Gottes zurück-
> geführt, sondern verbieten sich eigentlich von selbst; von
> den Moralverboten scheidet sie das Fehlen der Einreihung
> in ein System, welches ganz allgemein Enthaltungen
> für notwendig erklärt und diese Notwendigkeit auch
> begründet. Die Tabuverbote entbehren jeder Begründung;
> sie sind unbekannter Herkunft; für uns unverständlich,
> erscheinen sie jenen selbstverständlich, die unter ihrer Her-
> kunft stehen (Freud et al. 2016).

Andererseits meint er:

> Es darf uns ahnen, dass das Tabu der Wilden Polynesiens
> doch nicht so weit von uns abliegt, wie wir zuerst glau-
> ben wollten, dass die Sitten- und Moralverbote, denen wir
> selbst gehorchen, in ihrem Wesen eine Verwandtschaft mit
> diesem primitiven Tabu haben könnten, und dass die Auf-
> klärung des Tabus ein Licht auf den dunklen Ursprung
> unseres eigenen *Kategorischen Imperativs* zu werfen ver-
> möchte (Freud et al. 2016).

Nur unterscheiden sich die Inhalte der Tabus erheblich
von unseren. Tabu waren Häuptlinge und Priester, aber
auch ihre Kleider, Besitztümer und Speisen.

> **Tödliches Tabu**
>
> So wird uns berichtet, dass ein junger Sklave, ohne es zu wissen, von der Mahlzeit des Häuptlings aß. Kaum war das Mahl beendet, wurde ihm mitgeteilt, dass er von der Speise des Häuptlings gegessen hatte. Er erschrak, stürzte zusammen, wurde von entsetzlichen Zuckungen befallen und starb am nächsten Tag. Eine Maorifrau hatte Früchte von einem tabubelegten Ort verzehrt. Als sie es erfuhr, schrie sie auf, weil sie den Geist des Häuptlings beleidigt hatte, der sie gewiss töten wird. Auch sie starb am nächsten Tag.

Tabu waren Frauen während der Schwangerschaft und während der Menstruation, ungeborene und kleine Kinder, Verstorbene, aber auch bestimmte Orte, Gegenstände oder Tiere. Auch wer ein Tabu übertreten hat, wird dadurch selbst tabu.

Der Psychologe Wilhelm Wundt nennt das Tabu den ältesten ungeschriebenen Gesetzeskodex der Menschheit und nimmt an, dass es älter ist als die Götter und als alle Religionen (Wundt 1906). Freud lässt die Frage offen, ob die Tabus *uralte Verbote* sind, und ob sie sich bloß „infolge Tradition durch elterliche und gesellschaftliche Autorität" erhalten haben oder ob sie „ein Stück ererbten psychischen Besitzes" sind:

Einer Generation von primitiven Menschen dereinst von außen aufgedrängt, das heißt also doch wohl von der früheren Generation ihr gewalttätig eingeschärft (Freud et al. 2016).

Diese Frage ist im Grunde von untergeordneter Bedeutung, verglichen mit der grundlegenden Erkenntnis, die Freud uns vermittelt, wenn er feststellt:

> Diese Verbote haben Tätigkeiten betroffen, zu denen eine starke Neigung bestand (Freud et al. 2016).

Oder an anderer Stelle:

> Wo ein Verbot vorliegt, muss ein Begehren dahinter sein (Freud et al. 2016).

Mit den Tabus ist eine Ambivalenz der Gefühlsregungen, geradezu ein Gefühlswiderspruch verbunden: Man möchte „im Unbewussten nichts lieber als sie übertreten", zugleich müssen wir sie fürchten, weil das Übertreten gefährlich aufeinandertreffen und beide erhalten bleiben. Damit wird „eine unerledigte Situation, eine psychische Fixierung", wie Freud sagt, geschaffen, zugleich das Kennzeichen einer Neurose. Der Konflikt dauert also im Unbewussten des einzelnen wie der Gesellschaft an, auch wenn er nicht bemerkt wird. Dieser Vorgang führt zu schweren inneren Spannungen, an denen die meisten Menschen leiden. Er führt aber auch zu Spannungen in der Gesellschaft.

> Die verbotene Neigung zu Handlungen, die gleichzeitig verabscheut werden, drängt nach Entlastung.

Alexander Mitscherlich sagte darüber:

> Eine teilweise Entlastung der unterdrückten Trieb-
> spannung bringt der Vorgang der Projektion. In ihr ver-
> schieben wir unbewusst in uns selbst wahrgenommene
> eigene Wünsche, die tabuisiert sind, also im Bewusstsein
> verabscheut werden, auf andere, denen nun diese unsere
> Abscheu gilt. Indem man sie am anderen wahrnehmen
> darf, kann man sie ein Stück weit auskosten.

Immer wieder begegnet uns im Tabu eine merkwürdige
ambivalente Mischung von Lust- und Angstmotiven, von
Ehrfurcht und Abscheu. Dies veranlasst Freud, die Paral-
lele zwischen gesellschaftlichen Tabus und individueller
Zwangsneurose zu ziehen. Sie entsteht ebenfalls aus der
Durchkreuzung primärer Lustimpulse aus sekundären
Selbstbestrafungstendenzen, die zu entlastenden, nicht
rational begründeten Zwangshandlungen führen.

Sigmund Freud berichtet, dass eine Patientin einen
Gegenstand, den ihr Mann vom Einkauf nach Hause
gebracht hatte, entfernen ließ, weil sie sonst nicht in dem
Raum leben könne. Dieser Gegenstand wurde in einem
Laden gekauft, der in einer Straße namens Hirschengasse
liegt. Hirsch aber ist der Name einer Freundin, die in einer
entfernten Stadt lebt und zu der sie eine Tabubeziehung
hat. Sie findet sie unmöglich, überträgt dieses Tabu
auf den Umweg über den ähnlichen Namen des Kauf-
ortes auf den gekauften Gegenstand, mit dem sie nicht
in Berührung kommen will. Diese Erscheinung wird in

der Psychologie auch als *Mondhofeffekt* [Ergänzung MG: *Oder auch Heiligenschein-Effekt*] bezeichnet und meint die Tatsache, dass wir Gefühle nicht auf den ursprünglichen Anlass und Gegenstand beschränken, sondern auf alles Ähnliche und Benachbarte ausstrahlen lassen (Nisbett and Wilson 1977). Der Kommunismus hat einen negativen Geschmack und wird mit Recht abgelehnt, also sind alle Erscheinungen kommunistische Staaten, Sozialwesen, Schulwesen, Sport von vornherein verdächtig und unterwertig. Ist etwas an einer Sache schlecht, wird sehr schnell angenommen, auch anderes tauge nichts. – Hat ein Mensch in einem entscheidenden Punkte unsere Zustimmung, besteht alle Aussicht, dass ihm vieles andere nachgesehen und ein sachliches Urteil fraglich wird. Im Falle der Ablehnung wird man sich mit ihm gar nicht erst beschäftigen. So erklärt sich die unkontrollierte Verbreitung von Tabus, die sich zu komplexhaften Knäueln in unserer Seele, aber dann auch in unseren Einstellungen, unserer Erziehung, der öffentlichen Meinung und Publizistik, in der Politik, ja in der gesamten Kultur ausweiten. Tabus also scheinen unvermeidbar und tief in der Struktur des Menschen verankert zu sein. Auch der Schöpfungsbericht lässt die Menschheitsgeschichte mit einem Tabu beginnen: „Von dem Baum der Erkenntnis sollst du nicht essen, denn welchen Tages du davon issest, wirst du des Todes sterben." (1. Mos. 2, 17).

Aber auch in der Gegenwart werden gerade von den Tabuzertrümmerern immer neue Tabus produziert. Mit Recht sagt Eugen Gürster:

Tabus gibt es auf der Rechten wie auf der Linken des politischen Spektrums, die Konservativen haben ihre Tabus wie die Sozialisten, die Revolutionäre wie die Reaktionäre und kecke Verletzer altehrwürdiger Tabus sind gewöhnlich die ersten, die auf der rigorosen Beachtung der durch ihren Kampf gegen alte Tabus proklamierten neuen Tabus bestehen (Gürster 1964).

Zugleich verschränken sich die Widersprüche von Tabubruch und Tabusanktionen unserer Gesellschaft. Es ergibt sich die Folge, dass heute Tabus fallen oder einfach gebrochen werden und dass gleichzeitig jeder einzelne Tabubruch einer scharfen Kontrolle und Sanktion unterliegt, die umso schärfer zu werden scheint, je mehr das Tabu bedroht ist. So findet auch der unergiebige Streit seine Erklärung, ob wir heute eine beklagenswerte Tendenz der Enttabuisierung oder vielmehr der Verhärtung von Tabus zu verzeichnen haben. Beides ist der Fall, und für beides lassen sich endlose Reihen von Beispielen finden. So steht der sexualisierten Öffentlichkeit eine Zone des Schweigens in der privaten Erziehung gegenüber. So sieht sich die harmlose, wenn auch inhaltsarme Freiheit der Gammler einer wachsenden autoritären Reaktion mit neuen Zwangs- und Ordnungsforderungen gegenüber, so löst ein wachsender Liberalismus einen neuen Rechtsradikalismus aus und umgekehrt, die moderne Theologie eine Bekenntnisbewegung, die Nonkonformität den Drang nach neuer Uniformität. Wer diese Nonkonformität bewusst auf sich nimmt, hat auch das Risiko einkalkuliert. Schlimm aber ergeht es denen, die ohne eigene Absicht aus der Norm herausfallen, vor allem, wenn sie

schwach und in der Öffentlichkeit nicht vertreten sind.
Eugen Gürster:

> Wer sich um die Tabus unserer Gesellschaft nicht küm-
> mert, manövriert sich in die heikle Rolle eines Einzel-
> gängers hinein, der nur starke Naturen auf die Dauer
> gewachsen sind. Unbekümmerte Tabu-Verletzer haben
> kaum Aussicht, bei Wahlen als Kandidaten aufgestellt
> zu werden. In die Ausschüsse der Fachverbände kom-
> men sie nicht hinein, sie sind nicht die Typen, denen
> man gerne Preise zuerkennt, die auf Beförderungs- und
> Auszeichnungslisten stehen. Es lebt sich bequemer, man
> kommt leichter voran, wenn man sich bei wichtigen Ent-
> scheidungen an die jeweils einschlägigen Tabus hält (Gürs-
> ter 1964).

Deshalb werden die Übertretungen geahndet, die in dem
Versuch allzu großer Annäherung oder gar Berührung des
charismatisch herausgehobenen Inhabers von weltlicher
oder geistiger Macht bestehen.

Auch in der aufgeklärtesten Gesellschaft führen solche Tabubrüche zu nichts anderem als zur Bildung neuer
Tabus. Dann ist eben nicht mehr der Inhaber charisma-
tischer Macht und höherer Berufung ein Tabu, sondern
der Revolutionär, der sich dagegen vergeht und damit die
anderen erschreckt.

Bringt er sich selbst in den Besitz der Macht, tritt er
in die Rolle des Ersetzenden ein und genießt die gleichen
Vorrechte des Tabus. Deshalb ist per Saldo der Gewinn
von Revolutionen auch so gering. Die im Unbewussten
oder – wie man heute lieber sagt – im Bewusstsein der
Menschen vorgefertigten Strukturen weisen ihnen bereits

die Plätze in der Rangordnung der Gesellschaft an, auf denen sie Platz nehmen müssen und es meistens auch allzu gern tun. Darum ist zwischen dem Zaren und Stalin, einem absoluten Monarchen oder einem faschistischen Führer insoweit auch kein prinzipieller Unterschied. Die Letzteren regieren nur labiler und nicht so sehr durch Tradition gesichert. Die müssen mehr für die Erhaltung ihres Tabus, das ihre Macht bedeutet, tun und sind deswegen auf äußere Gewalt stärker angewiesen als auf die innerpsychische Automatik des Tabus in denen, die ihnen gefährlich werden könnten. Gegen sie die allgemeinen Vorurteile zu mobilisieren und sie erneut zu Tabubrechern werden zu lassen, ist eine selbstverständliche Folge für die Bewusstseinsbildung unter angeblich revolutionären Vorzeichen, das alsbald reaktionäre Konturen gewinnt. Vorurteile gegen die Außenseiter haben ihre psychologische Wurzel in Wahrheit in den tiefsitzenden Tabus und der Ambivalenz der Gefühle, die mit ihnen verbunden ist. Im Grunde sprechen sie tiefsitzende Neigungen in uns an, die jene ausleben, während wir sie unterdrücken müssen. Das gilt vor allem für das sexuelle und aggressive Verhalten. Hier war zu allen Zeiten die Mehrheit am empfindlichsten, weil wahrscheinlich am stärksten unterdrückt.

Schon aus diesem Wechselprozess wird deutlich, dass mit dem Bruch von Tabus allein nicht viel gegen die Unterdrückung getan ist, weder für die unterdrückten seelischen Kräfte noch vor allem für die unterdrückten und benachteiligten Gruppen der Gesellschaft. Nicht nur Tabus, sondern auch Tabubrüche können Unheil verursachen und Menschen unglücklich machen.

Bei genauerem Hinsehen zeigt sich, dass manche Tabus ihre Berechtigung haben und lohnenswerte Normen dahinter stehen. Ein Vergleich der Kulturen lehrt, dass eine Reihe von Tabus in allen Kulturen vertreten sind, zum Beispiel die Schutzwürdigkeit des Lebens und das Geschlechtstabu gegenüber den nächsten Verwandten, gegenüber Tieren und Kindern. Sicher wird unsere komplizierte Gesellschaft noch weitere unbestreitbare Mindestnormen geltend machen müssen. Das heißt aber nicht, dass man sie nicht diskutieren kann. Diese Diskussion ist vielmehr notwendig, um unbegründete und begründete Axiome des Verhaltens, um nicht mehr Tabus zu sagen, zu entscheiden. Also müsste man auch unterscheiden zwischen Dingen, die man nicht antastet, die man nicht tut, und solchen, die man nicht ausspricht. Die Letzteren dürfte es in einer demokratischen Gesellschaft nicht mehr geben. Der Pluralismus der Werthaltungen und Lebensstile ist nur durch das offenherzige und unbegrenzte Gespräch zu überwinden.

> Bedingungslose Toleranz für die Äußerung aller Gedanken und Gefühle ist unabdingbar.

1.3 Dreieinigkeit der Emotion: Körper, Verstand und Verhalten

Malte R. Güth

Je nach Kulturkreis, in dem wir uns bewegen, finden wir ein anderes, mehr oder weniger reiches Vokabular für den emotionalen Ausdruck. Wie freizügig in der Öffentlichkeit mit Emotionen umgegangen wird, hängt von der Gesellschaft ab, in der ein Mensch heranwächst. Will er sich eingliedern, muss er die angemessene Etikette lernen. Dies spiegelt sich in der Sprache. Doch unabhängig von der Kultur finden wir Ausdrücke, die in den meisten Sprachen in gewisser Weise vertreten sind. Diese geben verschiedene Auftrittsformen oder Erlebnisfacetten der Emotion wieder.

Wozu dient diese Differenzierung? Müsste Emotion nicht ein Konzept sein, das jedem geläufig ist? Wenn es ein so elementarer Bestandteil des menschlichen Lebens ist, sollte jedem klar sein, worum es sich handelt. Tatsächlich wird in der Psychologie häufig angenommen, dass es sog. *Basisemotionen* gibt. Damit ist eine Reihe von Emotionen gemeint, die allen emotionalen Erlebnissen zugrunde liegen und den Kern emotionalen Erlebens ausmachen. Zu den Pionieren dieser Idee und Begründern moderner Emotionsforschung zählt z. B. Paul Ekman, der ebenso wichtige Beiträge zum Zusammenhang von emotionalem Erleben, Mimik und Reaktionen des zentralen Nervensystems geleistet hat (Ekman 1992; Ekman et al. 1990). Je nach Theorie variieren die genauen Bezeichnungen für Basisemotionen. Zu den häufigsten zählen *Wut, Furcht, Überraschung, Ekel, Trauer, Verachtung* oder *Freude.* Aber begonnen beim sprachlichen Ausdruck, ganz zu schweigen von den Nuancen des Erlebens einer Emotion, gibt es wichtige Unterschiede.

Wir sprechen selbstverständlich von dem Gefühl als wahrscheinlich breitester Begriff für alle möglichen Empfindungen. In der Psychologie kennzeichnet das Wort *Gefühl* das persönliche Erleben einer Emotion. Auf welche Art und in welchen Worten ein Patient im Gespräch mit dem Therapeuten oder eine Person im Alltag beim Kaffee dem Freund von aufwühlenden Erlebnissen berichtet, ist Ausdruck des persönlichen Erlebens des Individuums.

> *Emotion* ist der Fachbegriff, der in der Psychologie für eine Episode synchroner Reaktionen des Organismus auf eine Bewertung von für uns bedeutsamen Situationen, anderen Menschen oder Erlebnissen verwendet wird.

Diese Definition und ihre Bestandteile sind nicht einheitlich anerkannt und es ist bei weitem nicht die einzige Definition, die in der Psychologie verwendet wird. In der einen ist die bewusste Bewertung stärker betont und in der anderen zählt mehr, in welchem Verhältnis Emotionen zu körperlichen Reaktionen stehen.

Ebenfalls in der Alltagssprache häufig gebraucht ist der Begriff *Stimmung*. Hiermit bezeichnen Psychologen einen meist länger andauernden und nur vage umschreibbaren emotionalen Zustand einer Person. Sie ist im Vergleich zur Emotion weniger intensiv, und es fällt oft schwer, einen konkreten Auslöser zu finden. Sprechen wir über eine Stimmung, verwenden wir unspezifische Beschreibungen wie *angenehm* oder *unangenehm, gut* oder *schlecht, gereizt* oder *gelangweilt, ruhig* oder *aufgeregt*. Eine klar umrissene Emotion kann bei der Stimmung nicht benannt werden, aber wir befinden uns in einem Zustand, der das Auftreten einer Emotion wahrscheinlicher macht.

Zuletzt ist von Emotion, Gefühl und Stimmung der Affekt abzugrenzen. Mit *Affekt* ist oft vornehmlich die körperliche Komponente der Emotion gemeint oder dass die Empfindung besonders kurz und intensiv war. Ein Mensch, der sich durch spontane und intensive Gefühlsausdrücke hervortut, wird als *affektvoll* bezeichnet. Er denkt nicht lange nach oder versucht, seine Emotion zu erforschen, sondern gibt sich seinen körperlichen Empfindungen hin.

Geburt

Ich stehe in einem hell erleuchteten Krankenhauszimmer. Um mich herum beschließen Ärzte und Geburtshelfer, mir und meiner Frau ein paar Minuten allein zu geben. Sie ist schweißgebadet und atmet schwer. Doch in ihrem Gesicht spiegelt sich Glückseligkeit. Das Kind ist so winzig und unschuldig. Es ist mein Kind. Alles, was vorher nur ein Gefühl war, wird phänomenal – alles, was mit dem Kind zusammenhängt. Es hat jetzt Präsenz. Unsere Welten kommen zusammen. All die Lasten der letzten Monate sind in der Sanftheit des Kindes aufgehoben, in der Gewissheit, dass da nun ein Wesen ist.

Ich halte mich zurück. Nach all den Strapazen hat sie sich diese Augenblicke verdient. Ihr Körper ist in heller Aufruhr. Ihr wird klar, dass all die Mühen und Entbehrungen der letzten neun Monate nun im sanften Griff des Kindes aufgehoben sind. Erleichterung durchzieht jede Faser ihres Körpers. Über den Gefühlsüberschwang kann sie die Schmerzen vergessen. Tränen sammeln sich in ihren Augen. Sie weint, während sie unvermindert lächelt.

Dann ist es so weit, und ich darf zum ersten Mal das Kind in den Armen halten. Es atmet. Es schreit. Ich fühle das kleine Herz pochen und höre die leisen Geräusche bei jedem Atemzug. Wärme breitet sich in mir aus, und meine Knie werden weich. Regungslos sitze ich eine Weile am Bett meiner Frau und drücke mein Kind dicht an meine Brust. Ich kann kaum glauben, dass es unseres ist. All die Gerätschaften und das restliche Geschehen rücken in weite Ferne. In meinem Kopf ist alles wie weggewischt. Nur die Freude, das Kind in den Armen zu halten, bleibt. Wir werden es umsorgen und nie wieder aus den Augen lassen. Es wird sicher sein. Nichts soll es zu fürchten haben.

In welche Sprache man dieses Beispiel auch übersetzt, in jeder würden dieselben Komponenten der Emotion erkennbar bleiben. Wir fühlen mit Körper, Geist und Seele. Das ist die sogenannte *Reaktionstrias* der Emotion. Beim Aufkommen einer Emotion erleben wir eine Reaktion auf physiologischer, kognitiver und auf der Verhaltensebene. Bei Freude z. B. fühlen wir vielleicht ein Kribbeln oder eine Wärme, die sich bis in die Fingerspitzen ausbreitet. Die Gedanken kreisen nur noch um das Objekt der Freude, wir lächeln bis über beide Ohren oder brechen in Gelächter aus.

Solche Reaktionen lassen sich für alle Emotionen identifizieren. Den Ekel erkennen wir anhand des charakteristischen Naserümpfens oder der abgesunkenen Mundwinkel, Überraschung an den weit aufgerissenen Augen, Wut an den zusammengezogenen Augenbrauen, der in Falten gelegten Stirn, dem erbosten Blick und vielleicht sogar den gefletschten Zähnen. Auch über die Mimik hinaus können wir Hinweise auf die Emotion erkennen. Die Haltung des Körpers, die gestische Artikulation, die Sprachmelodie und Lautstärke der Stimme oder die Bewegung auf andere hin oder weg von ihnen sind Ausdruck unterschiedlicher Gefühle.

Die Interaktion der drei Ebenen hat Psychologen seit Jahrhunderten fasziniert. Die offensichtlichste Frage wäre, ob sich die drei gegenseitig beeinflussen. Kann z. B. die Verhaltensebene in Form von Gestik oder Mimik das physiologische Emotionserleben, wie den Herzschlag, die Atmung, die Schweißreaktion oder die Körpertemperatur, beeinflussen? Es ist ein erster konkreter Versuch einer emotionalen Selbstkontrolle, den eigenen Körper mit einem Lächeln davon zu überzeugen, dass alles in Ordnung ist.

Diese Idee ist in der psychologischen Forschung u. a. als *facial feedback Hypothese* (in etwa: Hypothese der mimischen Rückmeldung) bekannt (Ekman et al. 1990; Buck 1980). Zur Ausbildung einer Emotion werden zahlreiche Informationen integriert. Die Anspannung und Lage verschiedener Muskeln ist eine davon. Das Lächeln ist u. a. durch Erfahrung an einen positiven emotionalen Zustand gekoppelt. Für gewöhnlich bedeutet ein Lächeln, dass es uns gut geht. Man könnte argumentieren, dass ein Lächeln nicht der Auslöser, sondern lediglich der mimische Ausdruck der vorausgegangenen Emotion sei. Auch unter diesen Umständen, wäre es denkbar, dass Rückkopplungseffekte existieren. Wenn in der Reaktionstrias eine Emotion mit einer physiologischen, kognitiven und im Verhalten sichtbaren Reaktion verknüpft ist, könnte das Registrieren einer dieser Reaktionen uns in die Lage versetzen, die zugehörige Emotion zu fühlen. Ähnlich trägt schließlich die Gabe von Medikamenten mit Wirkstoffen, die den neurochemischen Zustand einer bestimmten Gefühlslage herbeiführen soll, zu diesem Zustand bei. Dafür muss nur eine präzise Kenntnis der emotionalen Anatomie vorhanden sein. Wie lächeln wir richtig?

Der Physiologe Guillaume Duchenne studierte Mitte des 19. Jahrhunderts die menschliche Mimik mithilfe von elektrischer Stimulation ausgewählter Muskeln. Bei seiner Forschung gelang es ihm, *das ehrliche Lächeln* zu entdecken. Ein Lächeln ist schnell aufgezogen. Alles, was wir tun müssen, ist die Mundwinkel nach oben zu ziehen.

Allerdings haben wir manchmal eine Ahnung, ob ein Lächeln echt oder falsch ist. Je nach Situation können wir beurteilen, ob ein Lächeln Tapferkeit oder Fassung demonstrieren soll. Wenn unser Gegenüber unter der Belastung der Situation leiden sollte, gewinnen wir leicht den Eindruck, dass ein Lächeln gezwungen ist. Neben den Umständen können wir weitere Informationen heranziehen, um die Ehrlichkeit zu bewerten. Ein Lächeln, das bloß einen Anschein wahren oder uns hinters Licht führen soll, wirkt leblos und unvollständig. Abhängig vom Manipulationstalent des Lügners können wir die Lüge am Gesicht des Lügners entlarven. Bei einem ehrlichen Lächeln werden nicht bloß Muskeln um die Mundwinkel (*musculus zygomaticus major* und *minor* oder großer und kleiner Jochbeinmuskel), sondern auch um die Augen *(musculus orbicularis)* angespannt. In anderen Worten lächeln die Augen mit. Aufgrund dieser Erkenntnisse Duchennes spricht man bei einem ehrlichen Lächeln von einem Duchenne Lächeln.

Im Experiment können wir uns das Duchenne Lächeln zunutze machen. Beißen wir auf einen Bleistift und behalten ihn zwischen den Zähnen, spannen wir die Muskeln des Duchenne Lächelns an. Die Mundwinkel werden nach oben gezogen und Lachfältchen zeichnen sich unter den Augen ab. Befände sich nicht das Schreibgerät im Mund, könnte man auf ein echtes Lächeln schließen. Vereinzelt konnten aus solchen Experimenten Ergebnisse gesammelt werden, die die *facial feedback Hypothese* unterstützen. Z. B. wurde beobachtet, dass es unter Anwendung der Bleistift-Technik vermehrt zum Bericht positiver Emotionen im Vergleich zu einer Kontrollgruppe ohne

Duchenne Lächeln kam. Passend dazu fanden sich Effekte des Lächelns auf den Herzschlag und andere Indikatoren der Aktivierung unseres vegetativen Nervensystems (Ekman et al. 1990; Soussignan 2002; Strack et al. 1988).

So verlockend die Vorstellung ist, sich mit einem Lächeln ins Glück zaubern zu können, sie entspricht nicht der Realität. Konsistent sind die Befunde für den Effekt der mimischen Rückwirkung leider nicht. Mimik ist nur ein kleiner Teil des Emotionserlebens. Natürlich kann ich versuchen, mir den Ekel nicht anmerken zu lassen, wenn ich die Windeln der Nichte wechsle. Je besser ich die Situation meistere, desto höher stehe ich in der Achtung der Eltern, die mich vielleicht zum Paten des Kindes bestimmen. Kognitiv kann ich mich aber nicht davon lösen, wie eklig die Windel und das Kind auf mich wirken. Trotz Kontrolle meiner Mimik machen mir meine Gedanken einen Strich durch die Rechnung. Schließlich bestimmt die Mimik die Emotion nicht, sie leistet einen Beitrag. Zudem ist die Umgebung im psychologischen Labor standardisiert und fern von alltäglichen Bedingungen. Hier lassen sich kleine Effekte eines erzwungenen Lächelns auf unsere Emotionen finden, aber im Alltag mag das nicht wiederholbar sein.

Eine Emotion ist mehr als eine Erlebnisebene. Sie ist die Synchronisierung eines Teils oder aller körperlichen und geistigen Energien als Reaktion auf das Auftreten eines Ereignisses, das von herausragender Bedeutung für uns ist. Wie bei der Bache im Wald, die uns zwingt, die Flucht anzutreten, vermag es die Emotion, uns auf ein Ziel abzustimmen. Alles in unserer Umgebung würde von uns mit bloßer Teilnahmslosigkeit behandelt werden, gäbe es nicht die Emotion. Ob positiv oder negativ, verleiht sie der Welt um uns Valenz und stimmt den Menschen darauf ein, was für ihn persönlich von Bedeutung ist – mithilfe von Körper, Geist und Seele. Transmitterstoffe lassen elektrische Signale durch unsere Nervenbahnen blitzen, sodass unser Herz schneller schlägt, unsere Hände feucht werden und unsere Muskeln gespannt sind. Unsere Gedanken kreisen nur noch um den Gegenstand, der uns in Aufregung versetzt hat. Wir fühlen all die Qualitäten, die mehr sind als das Rauschen des Blutes oder der Gedanken. Durch die kaum beschreibbaren aber intuitiv universell verständlichen Empfindungen, wissen wir, was für eine Emotion wir fühlen und was das Geschehen um uns bedeutet.

Wenn wir sie gezielt einsetzen können, vermag Emotion sogar den Körper zu täuschen und ihn zu Höchstleistungen anzutreiben. Rund 260.000[3] Deutsche leiden an der Parkinson'schen Krankheit *(Morbus Parkinson)*. Bei dieser Erkrankung der Bewegungssteuerung, die vor allem im höheren Alter auftritt, kommt es zu einer schweren Degeneration von Nervenzellen im Mittelhirn. Diese zählen zu den wichtigsten Produzenten von Dopamin, einem Botenstoff, der für das Initiieren, die Koordinierung und die Ausführung von Bewegung notwendig ist. Das Dopamin wirkt in funktionellen Regelkreisen zwischen mehreren Strukturen des Gehirns. Fehlt an der falschen Stelle das Dopamin, ist der Regelkreis gestört. Betroffene weisen

---

[3]Prävalenz bzw. Verbreitung der Krankheit nach der European Parkinson's Disease Association (http://www.epda.eu.com), Stand November 2016.

eine Vielzahl von Symptomen auf, die ihre Lebensqualität einschränken. Eines der häufigsten ist die Akinesie. Dabei leiden Betroffene unter Bewegungsarmut und einer starken Einschränkung der Bewegungsfreiheit. Kennzeichnend sind die starren Glieder. Selbst beim mühsamen Laufen hängen die Arme wie gefroren an den Schultern. Kleinschrittig werden die Beine bewegt, aber sie bleiben unflexibel. Der Gang erinnert an das Laufen auf Stelzen.

Angesichts dieser schweren Erkrankung erscheint das Phänomen paradoxer Kinesie *(Kinesia paradoxa)* umso erstaunlicher. Dieses bezeichnet die seltene Ausnahme von der Lähmung. Plötzlich sind Betroffene fähig, komplexe Bewegungsabläufe aufzuführen, die normalerweise unmöglich oder stark verlangsamt wären. Sie schwingen die Beine, bewegen den Oberkörper und die Arme rhythmisch wie beim Tanz. Daher trägt das Phänomen den Namen paradox. Die genauen Ursachen sind nicht geklärt, aber es gibt Gemeinsamkeiten der Situationen, in denen Betroffenen die Befreiung gelingt. *Tanz* ist das Schlüsselwort. Oft ist es die Freude über Musik, die ihnen zur Lockerung der Starre verhilft. Was alle Fälle paradoxer Kinesie gemein haben, ist, dass sie in Situationen auftreten, die die Betroffenen Reizen aussetzen, die eine besondere emotionale Bedeutung haben. Dann geht es nicht mehr um die einfache Bewegung. Es geht z. B. um den Tanz zur Musik. Es geht um das Gefühl, das sie in uns auslöst und das uns motiviert zu tanzen. In anderen Fällen ist es die Anwesenheit lebensbedrohlicher Gefahren, die zur paradoxen Kinesie führt. Womöglich ist es Emotion, die den Betroffenen die Möglichkeit gibt, Laufen nicht länger als Laufen zu begreifen, die getrennten Verschaltungen zu übergehen und auf komplizierte Bewegungsprogramme zurückzugreifen, die wie von selbst laufen. In diesem Bespiel kann Emotion tatsächlich beflügeln.

Allerdings ist die perfekte Kontrolle selten. So ist es noch nicht bekannt, wie auf Kommando Parkinsonpatienten die Bewegungsfreiheit ermöglicht werden kann. Wir können niemandem, weder anderen noch uns selbst, befehlen zu fühlen.

> Die Ehrlichkeit kann nicht erzwungen, nur wahrgenommen werden.

Und selbst wenn, wäre das nicht eine schauderhafte Vorstellung? Die intuitivsten Signale unseres Daseins ohne Mühe zu manipulieren, erscheint unnatürlich. Noch unheimlicher ist die Idee, sie abzuschalten, sobald sie unbequem sind. Und doch versuchen wir dies täglich. Es wird uns eingebläut. Es werden Barrikaden und Verstärker gesetzt. Ohne Kontrolle bestehen wir in der Gesellschaft nicht und kommen nicht voran.

„Beruhige dich.", „Es ist alles nicht so wild.", „Jetzt nicht, konzentriere dich." Wie ein Mantra murmeln wir diese Phrasen vor uns hin, wenn Emotionen uns gegenwärtig nicht willkommen sind. Ein Kribbeln in den Gliedern, Grummeln im Bauch, Rauschen oder Pochen im Kopf lenken oft von der Aufgabe, der wir uns widmen wollen, ab. Sollten wir die Gefühle nicht wahrnehmen, egal unter welchen Umständen?

Wahrnehmen, Verstehen, Bewerten und Wertschätzen – das sind die Schritte, die es möglich machen sollen, auf dem schmalen Grat von Kontrolle und Freizügigkeit zu wandeln. Sie mögen zu abstrakt, zu schwer oder zu belastend klingen. Doch sie sollen beleuchtet und realisiert werden. Jeder schuldet es sich, in sich zu horchen und zu akzeptieren. Kontrolle der Emotion soll nicht Unterdrückung sein. Es soll bedeuten, sie an sich heranzulassen und verschiedene Perspektiven auf sie zu gewinnen. Kontrolle soll Offenheit sein.

Emotionen sind Richtungsgeber

Emotionen sind mehr als Ablenkungen von der Vernunft und Logik. Sie geben den Zielen in unserem Leben Wertigkeit und motivieren uns, Entscheidungen zu treffen. Durch Emotionen können wir zwar impulsiv sein und uns von Impulsen mitreißen lassen, aber ohne sie würden unsere Wünsche und Taten an Farbe und Bedeutung verlieren. Gelegentlich gegen Vernunft aufzubegehren ist menschlich. Wir haben die Möglichkeit zu wachsen, indem wir aus gesellschaftlichen Konventionen und Vernunft ausbrechen, wenn sie unser Denken und Fühlen einschränken. Gegen Tabus, wie z. B. die Unerwünschtheit von Frustration und Ärger am Arbeitsplatz zu verstoßen, kann uns helfen, die Frustration und unsere Probleme besser zu verstehen. Dafür braucht es Aufgeschlossenheit gegenüber der emotionalen Vielfalt, sei es eine vorübergehende Stimmung, eine klare Emotion oder ein schwer benennbares Signal unseres Körpers. Egal auf welcher Ebene wir die Emotion spüren, sie ist ein ehrlicher Ausdruck unseres gegenwärtigen physiologischen sowie seelischen Zustandes.

Literatur

Buck, R. (1980). Nonverbal behavior and the theory of emotion: The facial feedback hypothesis. *Journal of Personality and Social Psychology, 38*(5), 811.

Ekman, P. (1992). An argument for basic emotions. *Cognition & emotion, 6*(3–4), 169–200.

Ekman, P., Davidson, R. J., & Friesen, W. V. (1990). The Duchenne smile: Emotional expression and brain physiology: II. *Journal of Personality and Social Psychology, 58*(2), 342.

Freud, S., Bayer, L., & Lohmann, H.-M. (Hrsg.). (2016). *Totem und Tabu.* Stuttgart: Reclam.

Gürster, E. (1964). *Tabus unserer Zeit.* München: Pustet Verlag.

LeDoux, J. E. (1992). Brain mechanisms of emotion and emotional learning. *Current opinion in neurobiology, 2*(2), 191–197.

LeDoux, J. E. (1998). *The emotional brain: The mysterious underpinnings of emotional life.* New York: Simon & Schuster.

Nisbett, R. E., & Wilson, T. D. (1977). The halo effect: Evidence for unconscious alteration of judgments. *Journal of Personality and Social Psychology, 35*(4), 250.

Soussignan, R. (2002). Duchenne smile, emotional experience, and autonomic reactivity: A test of the facial feedback hypothesis. *Emotion, 2*(1), 52.

Strack, F., Martin, L. L., & Stepper, S. (1988). Inhibiting and facilitating conditions of the human smile: a nonobtrusive test of the facial feedback hypothesis. *Journal of Personality and Social Psychology, 54*(5), 768.

Vogt, K. M. (2004). Die stoische Theorie der Emotionen. In B. Guckes (Hrsg.), *Zur Ethik der älteren Stoa,* (S. 69–93). Göttingen: Vandenhoeck & Ruprecht.

Wundt, W. M. (1906). *Völkerpsychologie* (Bd. 2). Leipzig: Engelmann.

2

Emotion ist sinnhaft

Zusammenfassung Positive und negative Emotionen sind wichtige Botschaften unseres Körpers und unseres Geistes. Sie sind eine Bewertung unserer Erfahrung und weisen den Weg in die Zukunft. Dieses Kapitel soll Sinn und Zweck von Emotionen näher beleuchten. Denn egal wie groß die Angst ist, sie hat einen Sinn. Aus den Emotionen von Sieg und Niederlage ziehen wir Kraft, die uns als Menschen wachsen lässt. Was in uns und um uns für das Gefühlserleben sorgt, ist komplex und lehrt über das Wesen der Empfindung. Sich die Hintergründe der Emotionsentstehung vor Augen zu halten, verdeutlicht, wie wichtig sie für das Leben ist und dass wir Kontrolle über die Emotion besitzen. Am Ende des Kapitels soll der Leser eine Vorstellung davon haben, wie Emotionen entstehen, was sie bewirken und auf welche Art wir Kontrolle über sie ausüben können.

© Springer-Verlag GmbH Deutschland, ein Teil von Springer Nature 2019
U. Beer und M. R. Güth, *Fühlen macht Sinn,*
https://doi.org/10.1007/978-3-662-57864-3_2

2.1 Philosophie des Scheiterns

Ulrich Beer

Wir neigen dazu, kleinere und dann schließlich auch größere Verluste schnell zu ersetzen. Nur ja nichts entbehren müssen! Man kann ja wiederbeschaffen und neu kaufen! Annehmlichkeit, aber eben auch Gefahr einer Konsumgüterkultur! Erkennen wir, dass der zu schnell überwundene Verlust kleinerer Dinge uns abstumpft und ungeübt für das Verschmerzen großer Verluste macht?

Dann sehen wir auch, dass wir uns, um dieser Haltung zu begegnen, um eine Philosophie des Scheiterns bemühen sollten. Um die Notwendigkeit einer Bejahung von Verlusten zu verdeutlichen, betrachten wir folgenden alltäglichen Vorgang:

Alles ist ersetzbar

Auf dem Weg vom Schlafzimmer ins Wohnzimmer stoßen wir nachts im Halbschlaf und Halbdunkel die Bodenvase um: dass die aber auch hier stehen muss! Während wir uns nach den Scherben bücken, taxieren wir blitzschnell: Ärger, Schuld und Kosten. Wir denken: teures Sammlerstück – zum Beispiel – Meissner Porzellan, und überschlagen, was das Ganze kostet und rechnen, wie lange wir sparen müssen, um sie – wenn überhaupt – ersetzen zu können, und all das geschieht, bevor wir den unerwarteten Verlust richtig begreifen. Es beschäftigt uns, wie und wo wir eine neue beschaffen.

Der Verlust wird nicht lange ein Verlust bleiben. Denn der Verlust macht uns ärgerlich, nicht nur über die eigene Unzulänglichkeit und Ungeschicklichkeit, nein, hier ist ja dann auch noch die deutliche Lücke – sie macht uns böse und ungeduldig, bis eine neue Vase am alten Platz steht und die Lücke füllt.

Wie sehr haben wir die Beziehung zum Wesen eines Gegenstandes verloren! Und wie sehr sind wir an die Fehleinschätzung gewöhnt, dass alles ersetzbar ist und – wenn möglich – noch verbessert anzuschaffen sei! Dass da eine Lücke war, vergessen wir nach kurzer Zeit vollständig – und den Vorgang überhaupt. Vom Verlust haben wir somit nichts erlebt, weil wir auf Verlust nicht eingestellt waren. Einen Verlust hinzunehmen, zu ertragen und sogar zu bejahen kommt uns kaum in den Sinn. Für Verluste sind wir nicht empfänglich – im Gegenteil, wir trachten danach, sie schnell zu überwinden.

Wir sind auf Gewinn programmiert. Wir erwarten Gewinn beim Roulette, sonst würden wir kaum spielen, Gewinn beim risikoreichen Autofahren, Gewinn in der Liebe, Gewinn an Einfluss und Besitz, Zunahme an Reife und Beherrschung unseres Territoriums bis in alle Ewigkeit und, wenn das nicht möglich ist, unserer wirtschaftlichen Macht. In der Politik planen wir großzügig den Verlust auf das Konto des anderen.

Nichts schreckt so sehr wie Wörter wie *verkleinern, verkürzen, vermindern, verlassen* und *verlieren*. Die Fähigkeit, Verlust – gleich welcher Art – überhaupt einzukalkulieren, scheint uns im Großen verloren gegangen zu sein. Und die folgende Parabel vom weisen Bauern, macht sie uns nicht nachdenklich? Und trifft sie nicht nur ins Schwarze, sondern auch mitten in unser Herz?

Von Verlust und Gewinn

Ein Bauer hatte, um seine Ländereien zu bewirtschaften, nur zwei Hilfen, ohne die er es nicht gekonnt hätte: einmal seinen einzigen Sohn und dann sein einziges Pferd. Eines Tages brach sein Pferd aus und verschwand spurlos. Seine Nachbarn kamen zu ihm und bedauerten den Verlust. „Woher wollt ihr wissen, dass es ein Verlust ist?" antwortete der Bauer nur.

Nach einer Woche kam das Pferd zurück und brachte drei Wildpferde mit, deren Herde es sich in der Zwischenzeit angeschlossen hatte. Nun wurden die Pferde gezähmt und halfen dem Bauern bei der Arbeit.

Beim Versuch der Zähmung verunglückte der Sohn, als er eines der Wildpferde zureiten wollte, und brach sich ein Bein. Wieder kamen die besorgten Nachbarn und bedauerten den Unfall und damit den Verlust des Sohnes als Arbeitskraft. Wieder fragte der Bauer zurück: „Woher wisst ihr, dass es ein Verlust ist?"

Nach einer weiteren Woche kam eine Aushebungskommission der Regierung im Zuge einer Mobilmachung, zu der alle jungen Männer gemustert und zum Kriegsdienst eingezogen werden sollten. Nur der Bauernsohn blieb wegen seiner Verletzung zu Hause. Mit der Zeit kurierte er seinen Beinbruch aus und konnte nun mit seinem Vater und den vier Pferden die Landwirtschaft umso besser bestellen.

Woher wissen wir immer, dass Unglücksfälle und Verluste, die uns ereilten, wirklich Verluste sind?

Wachstum heißt eine beliebte Zauberformel; davon sind wir schon so verzaubert, dass wir nicht nur von Nullwachstum (?!) sprechen, sondern sogar das Wort Minuswachstum bilden. Auf diesem Weg der Wortkosmetik übertünchen wir alle kleineren und größeren Verluste, statt sie zu verstehen, und nähern uns dem großen, nicht wiedergutzumachenden *Verlust an Realität.*

Sobald wir aber an dieser Krankheit erkrankt sind, kann uns jedes traurige Erlebnis tief treffen, weil wir nicht immun sind, wie wir es durch ein vernünftiges Leben weitgehend werden könnten.

Solange wir aber daran gewöhnt sind, so wie die Vase schnellstens ein Unfallauto, einen abgetragenen Anzug, ein unmodernes Möbel zu ersetzen, denken wir uns nicht dabei, auch eine Sekretärin, einen Freund, den Ehepartner zu ersetzen. Ebenso wie die Dinge werden Menschen *replaced,* das heißt plötzlich sitzt eine Neue auf dem Arbeitsstuhl im Büro, ein anderer auf des Freundes Lieblingsplatz, und eine neue Hausfrau öffnet die Tür. Wir stutzen erst, wenn wir selbst *replaced* werden sollen. Da wir das Risiko nicht kalkulieren, wirft es uns vollständig aus der Bahn. Dies erscheint uns so ungeheuerlich, als hätte es die Treppe dorthin mit den Stufen der Verluste nie gegeben. Wir haben anscheinend den dazugehörigen Wortschatz noch nicht einmal in Gebrauch, noch ein Instrumentarium: Es fehlt uns die Philosophie des Scheiterns.

> Wie also können wir die Realität zurückgewinnen?

Wollen wir in unserer Hilflosigkeit unverhofften Verlusten gegenüber Herr werden, schaffen wir es nur auf dem Weg demütigen Zurücknehmens. Einseitig überzogene Forderungen lassen uns geschwächt und krank zurück.

Schon eine ambivalente Sicht auf den vor uns liegenden Weg jedoch kann der erste Schritt sein. Gehen
wir unsere Vorhaben mit der Erwartung an, sie sowohl
gewinnen und mehren als auch verlieren und mindern
zu können, begrenzen wir bereits aktiv den Ausschlag
zwischen erhofftem Erfolg und eintretendem Misserfolg.
[Ergänzung MG: *Haben wir einen realistischen Blick auf
mögliche Ergebnisse einer Handlung, ist die Überraschung
über einen unverhofften Ausgang geringer. Das ist kein Auf-
ruf zum Pessimismus, sondern dazu, sowohl negative als auch
positive Ereignisse zu bedenken, wenn wir eine Entscheidung
treffen. Ausschließlich an belohnende Aussichten zu denken,
verstärkt mögliche Enttäuschungen. Dagegen nur an negativen Aussichten festzuhalten, mindert das Selbstvertrauen
und führt zu Passivität. Beide Seiten zu bedenken, schärft
den Blick für die Realität. Zudem ist es eine vorsorgliche
Form der emotionalen Selbstkontrolle. Hoffen wir z. B. auf
eine Beförderung, aber machen uns zur selben Zeit bewusst,
dass ein Kollege die Beförderung genauso verdient hat, beeinflussen wir das spätere emotionale Erleben. Kriegen wir die
Beförderung nicht, sind wir vorbereitet und weniger enttäuscht. Womöglich sind wir sogar glücklich für den Kollegen.
Bekommen wir die Beförderung freuen wir uns umso mehr,
dass wir ausgewählt wurden.*]

Dem positiven Zwangsmechanismus [Ergänzung MG:
oder der Überfixierung auf Gewinn und Erfolg] entkommen
wir durch bewusste Erinnerungen an erlittene Misserfolge
und Schmerzen, wir arbeiten sie auf und lassen uns lieber
auf aktive Trauerarbeit ein, als sie schamhaft in uns unter
Verschluss zu halten, um sie auf einen Schlag durch den

nächsten, zwanghaft erwarteten Supererfolg im Triumph zu begraben. Denn diese Rechnung geht selten auf.

> Bewusste Reflexion erlittener Schmerzen vermittelt uns die Fähigkeit, mit künftigen leichter fertig zu werden.

Bemerkenswerterweise können Menschen, die schwere körperliche Verletzungen, Lähmungen oder Blindheit ertragen, oft Vorbilder an Mut und Lebensfreude sein. Sie haben die Kraft aus der Krise gezogen, statt die Flucht anzutreten. Diesem Beispiel zu folgen erlernen wir, indem wir ganz klein anfangen.

Auf den leeren Platz einer Vase stellen wir keine neue. Den Freund werten wir nicht dadurch ab, dass wir einen anderen auf seinen Platz bitten. Wir lassen den Verlust auf uns wirken, um etwas Neues würdiger behandeln zu können. Die Zukunft wird uns nicht noch mehr von allem bescheren können. Der Verlustkrise wollen wir in Selbstbescheidung zuvorkommen, indem wir uns Gedanken machen, wie wohl ein Leben ohne genügend Heiz- und Lichtenergie, ohne unbegrenztes Angebot an raffinierten Lebensmitteln und Getränken aussehen könnte.

Wir wollen unser Alter annehmen als die Zeit der Erinnerung, der Dankbarkeit und körperlichen Einschränkung. Wir räumen Positionen, zumindest gedanklich, bevor eine Krise uns zwingt, sie real zu räumen.

Eine Krise meistern wir nämlich auch dann, wenn wir uns zurückziehen können und es uns gelingt, aus dem Rest von dem, was uns blieb, den Kern dessen zu machen, was kommt!

Besinnung auf das Wesentliche

Der Besitzer einer Ladenkette bemerkt zurückgehenden Umsatz und entschließt sich – trotz seiner Bedenken, dass damit Arbeitsplätze verloren gehen – rechtzeitig, einige Geschäfte zu schließen, den anderen ein neues Gesicht zu geben und so mit neuem Impuls wieder Aufschwung zu erleben, bevor das Ganze von innen her marode wird und völlig auseinanderfällt.

Eine alte Frau hat viel mehr Spaß an einem kleinen Garten, den sie noch gut in Ordnung halten kann, und trennt sich frühzeitig von ihrem repräsentativem Haus und Grundstück, weil sie erkannt hat, dass die Zeiten des Hofhaltens vorbei sind. Das übrigens hat auch Frau Aja, die Mutter Johann Wolfgang von Goethes, beherzt, tatkräftig und kurzentschlossen, wie sie war, getan. Nach dem Tod von Johann Caspar Goethe, ihrem Ehemann, war das Haus am Hirschgraben in Frankfurt zu groß. Kurzerhand verkaufte sie es, das „Haus mit Kling und Klang", ließ es zurück, das Haus und ihr Leben, wo Gastlichkeit, bürgerlicher Reichtum und gesellschaftliche Begegnungen selbstverständlich waren. Sie zog in eine kleine Wohnung im Zentrum Frankfurts und lebte dort sehr vergnügt.

Rechtzeitiger Rückzug ist ehrenvoll und würdig.

Platons Eros, das ist mehr als man üblicherweise unter dem Wort Eros versteht: Das ist ein kosmischer, umfassender Eros, eine vitale Energie, der innere menschliche Impuls, eine Kraft des Lebens, die uns alle umgreift und gegen den Tod das letzte Wort behält. Eros ist Freude am Leben, Freude am Weiterleben, ist das Versmaß eines Gedichts, der Wohlklang in der Musik, beim

Bogenschießen der Pfeil, der in die Mitte trifft, der Erfolg eines besorgten Arztes in der Heilkunst, Eros führt die Hand des homo faber in der Schmiedekunst, dessen legitimer Nachfahre der Konstrukteur ist.

Eros tritt heimlich in die Seele ein und beherrscht besonnen Lüste und Begierden, „denn der Krieg ist immer zwischen Eros und Haltlosigkeit".

Eros ist der Antagonist der sinnlosen Existenz eines emotionslosen Lebens aus zweiter Hand, das leicht durch Übersättigung ausgelöst wird und in Haltlosigkeit führt.

Der Weg zurück zur Konzentration, zum wertvollen Kern kann nur durch Bescheidung gelingen.

Der Spanier Balthasar Gracian verfasste im Jahr 1653 ein Handorakel, in dem dies zu lesen ist:

> Etwas zu wünschen übrig haben, um nicht vor lauter Glück unglücklich zu sein. Der Leib will atmen und der Geist streben. Wer alles besäße, wäre über alles enttäuscht und missvergnügt. Sogar dem Verstande muss etwas zu wissen übrigbleiben, was die Neugierde lockt und die Hoffnung belebt. Übersättigungen an Glück sind tödlich. Beim Belohnen ist es eine Geschicklichkeit, nie gänzlich zufriedenzustellen. Ist nichts mehr zu wünschen, so ist alles zu fürchten: Unglückliches Glück! Wo der Wunsch aufhört, beginnt die Furcht! (Gracián 2013).

Wenn wir keine Wünsche und Hoffnungen mehr haben, so geraten wir in eine tiefe Krise unserer Existenz. Die Fragen nach dem Woher und Wohin tauchen auf: Wofür lebe und woran glaube ich?

Gegenüber allen anderen Krisen, die durch konkrete Entscheidungen zu lösen sind, lassen sich Sinnkrisen nur durch existenzielle Entscheidungen aufheben. Kann ich mich in einer beruflichen Krise für einen anderen Arbeitsplatz oder ein anderes Arbeitsverhalten entscheiden, in einer Generations- oder Partnerkrise mich von einem Verhalten oder dem Partner trennen: Eine Sinnkrise geht tiefer. Sie ist nur durch neue Glaubensentscheidung zu lösen. Glauben heißt, das Leben auf eine Karte zu setzen und ihm gegen das Nein ein neues Ja, ein uneingeschränktes, durchdringendes Ja abzugewinnen, jedes Minus vor der Klammer des Lebens durchzustreichen und in ein Plus zu verwandeln. Ich entscheide mich für das Leben, was nicht gleichzusetzen ist mit dem biologischen Leben (gegen das ich mich sogar entscheiden kann), sondern für die allumfassende Liebe, von der ich mich geleitet fühle. Hierdurch wird alles Weniger von selbst ein Mehr, wird Einschränkung Bereicherung, sogar Sterben Gewinn.

Nur wer zu dieser letzten Krisenmeisterung fähig ist, kann die Gratwanderung unseres Lebens an den Abgründen der Sinnlosigkeit schwindelfrei und offenen Auges überstehen – das Ziel fest im Blick, das über alle Jeweiligkeiten und Alltäglichkeiten, die uns bedrängen oder bedrohen, hinausführt. Mehr Menschen, die so ihr Leben sinnvoll zu sehen lernen, könnten auch einer von der tiefsten Sinnkrise seit dem Ende des Mittelalters bedrohten Generation neue Ziele und eine Hoffnung geben.

2.2   Der Ursprung des Gefühls

Malte R. Güth

> Um Emotion zu verstehen und mit ihr angemessen umzu-
> gehen muss zunächst die Frage gestellt werden, wo ihr
> Ursprung liegt. Diese Frage kann auf zwei Arten ver-
> standen werden. Die erste fragt nach dem Auslöser in unse-
> rem Umfeld. Was ist geschehen, dass uns betroffen hat?
> Die zweite richtet sich an den Mechanismus. Wo kommt sie
> her? Wie ist sie entstanden?

Wenn Emotionen eine so deutlich bemerkbare körperliche
und kognitive Komponente haben, müsste ein Ursprung
identifizierbar sein. Ist es ein Botenstoff an einer Synapse?
Ein Organ? Oder ist es ein Gedanke, der zur Emotion führt?

Wir scheinen intuitiv sehr gut darin zu sein, unsere
körperliche Aktivierung als unterschiedliche Emotionen
zu deuten und sie auseinanderzuhalten. Schließlich wägen
wir bewusst keine Transmitterkonzentrationen oder elektrischen Potenziale in bestimmten Gehirnarealen ab, um zu
entscheiden, was wir fühlen. Wir merken es von selbst. Es
scheint eine automatische Verbindung zwischen körperlichen Aktivierungszuständen und dem Fühlen einer Emotion zu geben.

Eine der frühesten Theorien des späten 19. und frühen 20. Jahrhunderts, die sich diese Überlegungen
zunutze machte, ist die des Psychologen William James
und des Physiologen Carl Lange (Lange und James 1922).
Beide arbeiteten unabhängig voneinander in den USA
und Dänemark mit den damals populären Ideen, dass
Erregungszustände unseres Körpers unser Emotionserleben

ausmachen. Später wurden ihre Arbeiten zur James-Lange-Theorie der Emotion zusammengefasst. Grob zusammengefasst ist der Kernpunkt der Theorie, dass unser Emotionserleben durch *viszerale* Signale entsteht. In der medizinischen Fachsprache werden Vorgänge, die die Eingeweide oder inneren Organe betreffen, als viszeral bezeichnet.

Fühlen mit den Eingeweiden

Nehmen wir noch einmal den Fall der Bache mit ihren Frischlingen im Wald, stehen uns verschiedene sensorische Informationen über die Bache zur Verfügung. Zunächst hören wir das laute Grunzen der Bache, dazu noch ein hohes Quieken der Frischlinge. Sie kommen näher. Mit den Schnauzen im Laub raschelnd, tauchen sie vor uns auf. Vielleicht riechen wir sogar das würzige Lockmittel, das das Wild vor kurzem zur Futterstelle gezogen hat. Sensorische Stimulation aus Nase, Ohren und Augen wird in Form von afferenten, elektrischen (d. h. in diesem Fall zum Gehirn hinführenden) Impulsen über Nervenbahnen zu höheren Verarbeitungsebenen des Gehirns geschickt. Wir erkennen, was vor uns steht. Sofort werden efferente (d. h. in diesem Fall vom Gehirn wegführende) Impulse hinab zu den Muskeln und Organen geleitet. Bereit zur Flucht werden unsere Muskeln angespannt, wir reißen die Augen auf, pressen die Lippen aufeinander, das Herz pumpt das Blut schneller durch den Körper, endokrine Drüsen schütten Adrenalin und Cortisol aus. Der ganze Körper wird in Alarmbereitschaft versetzt. Wir treten vorsichtig einen Schritt zurück. Unser Geruch hat uns der Bache schon lange verraten. Sie misstraut uns und warnt mit einem besonders lauten Grunzen. Unsere Anspannung steigt. Neue Informationen über den Zustand unserer Muskeln und Organe werden zurück ans Gehirn geschickt. Dort entsteht die Erkenntnis, dass das Objekt nicht überwunden, sondern emotional bedeutsam ist.

Indem wir alle diese körperlichen Veränderungen wahrnehmen, entstehe nach James und Lange das Emotionserleben. Daher liege der Kernpunkt der Emotionsentstehung bei dieser Theorie in viszeralen Empfindungen. Alle körperlichen Reaktionen auf das relevante Objekt würden die Emotion bedingen. Mimik sei nicht mehr als Muskelkontraktion und damit Teil der Reaktionen. Wie wir die Veränderung unseres Gesichtsausdrucks erleben sei demnach genauso an der Emotion beteiligt wie der Erregungszustand.

Aber ergibt es Sinn, dass allein die körperlichen Veränderungen für eine Emotion ausreichen? Zeitlich wäre dies plausibel. Die körperlichen Veränderungen und die subjektiv erlebte Emotion treten in etwa im selben Zeitraum auf. Doch was ist mit der kognitiven Ebene? Gedanken sind ein machtvolles Werkzeug bei der Emotionsentstehung. Wie wir über die Bache denken, könnte den Ablauf des obigen Beispiels verändern. Es könnten dieselben physiologischen Prozesse auftreten. Sollte ich aber positiv über die Bache denken, sicher sein, dass sie mir nichts anhaben will und freudig überrascht sein, die seltene Begegnung zu haben, könnte ich dieselbe Erregung als Überraschung oder Frohsinn deuten. Daraus folgt, dass es schwierig ist, die Erregungsmuster einzelner Emotionen voneinander abzugrenzen. Eine Adrenalinausschüttung, ein erhöhter Herzschlag oder ein Schweißausbruch sind zu unspezifisch, um für eine einzelne Emotion zu stehen. Auch die Rollen des viszeralen sowie des zentralen Nervensystems bei der Emotionsentstehung decken sich nicht mit heutigen Erkenntnissen.

Folgende Theorien wie beispielsweise die von Walter
Cannon und Philip Bard nahmen anlässlich dieser Kritik
Anpassungen der James-Lange-Theorie an. Cannon und
Bard gingen davon aus, dass wir zur selben Zeit körper-
liche Aktivierung und Emotionen fühlen würden. Diese
würden aber unabhängig voneinander stattfinden. Emo-
tion sei daher nicht durch körperliche Aktivierung bedingt
(Cannon 1927).

Die genannten Theorien teilen sich ein Problem mit
den meisten ihrer Zeit. Sie beschränken sich größtenteils
auf physiologische Prozesse und die äußeren Erscheinungs-
merkmale einer Emotion in Gestik und Mimik. Man
denke an einen Schauspieler oder Trickbetrüger. Beide
Berufsfelder, die sich erstaunlich ähneln, bedürfen einer
ausgeprägten Kontrolle über den Emotionsausdruck. In
einer dramatischen Szene oder bei der Inszenierung eines
Autounfalls zwecks Versicherungsbetruges die Tränen flie-
ßen zu lassen, wirkt von außen wie eine ehrliche Emotion.
Dadurch zeichnen sich die erfolgreichen Schauspieler und
Trickbetrüger aus. Doch fühlen sie unter der täuschend
echt gespielten Fassade echte Emotion? Einige physiologische Prozesse scheinen sie gemeistert zu haben, sonst
würden die Tränen nicht kommen. Gestik und Mimik
sind oft einstudiert und decken sich perfekt mit dem Verhalten, das sie in einer echt emotionalen Situation zeigen
würden. Ist es für sie dasselbe? Für manche der Schauspieler und Trickbetrüger bestimmt. Sie sind überzeugt
davon. Ihnen gelingt, sich einzureden, die Situation sei
emotional. Dieser Schritt fehlte bei Cannon, Bard, James
und Lange – die gedankliche Bewertungsebene, die der

körperlichen Aktivierung eine Bedeutung gibt. Stanley Schachter und Jerome Singer sind diesen Schritt gegangen.

In ihrer *Zwei-Prozess-Theorie* vertraten sie den Standpunkt, dass Emotionen kontextabhängig seien (Schachter und Singer 1962). Je nachdem in welcher Situation wir uns befänden, könnte die körperliche Aktivierung anders interpretiert werden. Damit stellten sie eine andere Abfolge der Ereignisse in den Raum: Zuerst gebe es ein Objekt, die Bache, dann käme die körperliche Aktivierung aufgrund der Bache, gefolgt von einer gedanklichen Bewertung der Situation. So könne in einer mehrdeutigen Situation wie z. B. im Streit mit dem Partner, der uns etwas über lange Zeit verheimlicht hat, ein erhöhter Herzschlag als Furcht vor dem möglichen Schaden an der Beziehung oder als Wut über den Vertrauensbruch gedeutet werden. Das hinge davon ab, was genau vor uns verheimlicht wurde, wie lange es verheimlicht wurde, ob ein Vertrauensbruch in der Vergangenheit schon häufiger passiert ist, ob wir schon zu Beginn zu einer der beiden Deutungen neigen, weil wir cholerisch oder ängstlich sind oder weil wir einen Verdacht auf weitere Geheimnisse hegen. Körperliche Reaktionen seien lediglich für die Intensität der Emotion verantwortlich, nicht für ihre Identifikation.

Diese Ansichten verdeutlichen, wie stark wir unsere Emotionen dadurch beeinflussen können, wie wir über eine Situation denken. Und die Einfärbung unserer Gedanken bereitet vor, wie wir in zukünftigen Situation fühlen werden. Unsere Persönlichkeit ist ein entscheidender Faktor für die Häufigkeit und Intensität, mit der wir bestimmte Emotionen erleben.

Darüber hinaus wird klar, dass es zwei treibende Kräfte hinter der Emotionsentstehung gibt, die von Forschern unterschiedlich gewichtet werden. Ob physiologische oder kognitive Einflüsse stärker oder gleich an der Emotion beteiligt sind, ist der Hauptunterschied zwischen all diesen Gedankenkonstruktionen. Zu tiefen Einsichten verhelfen zwei modernere Vertreter, die die getrennte Betrachtung physiologischer und kognitiver Prozesse nach und nach auflösen.

António Damásio und seine Frau Hanna Damásio haben ihre Karrieren der Erforschung physiologischer Grundlagen von Emotion, Vernunft und ihrem komplexen Zusammenspiel gewidmet. In seiner berühmten Arbeit *Descartes' Irrtum* kritisiert António Damásio den uralten Dualismus von Körper und Geist (Damásio 1997). Sie zu trennen sei unsinnig. Körper und Geist seien verbunden und stünden in ständiger Wechselwirkung zueinander. In der Theorie der *somatischen Marker* kennzeichnet Damásio einige dieser Wechselwirkungen im Emotionserleben (Damásio et al. 1996). Laut dieser Theorie ist das Erkennen persönlicher Bedürfnisse und langfristiger Ziele von zentraler Bedeutung bei der Auseinandersetzung mit Objekten in der Umwelt. Um Informationen über unsere grundlegenden Bedürfnisse zu erlangen, würden wir uns auf sog. *somatosensorische* Signale verlassen. Damit sind Informationen gemeint, die wir durch unserer Körperwahrnehmung sammeln. Daher sind zusätzlich zu viszeralen Empfindungen Wahrnehmungen unserer Haut, Muskeln oder Gelenke eingeschlossen.

Sind wir mit einem Reiz konfrontiert, der für unsere Bedürfnisse bedeutsam ist, erleben wir bestimmte somatosensorische Empfindungen. D. h. wir speichern beispielsweise Informationen über den Zustand unserer Muskeln. Gegenüber der Bache empfinden wir vielleicht starke Anspannung zusätzlich zu einem flauen Gefühl im Magen. Laut Damásio würden diese Empfindungsmuster zu Markierungen werden, die die Relevanz des Reizes für unsere Bedürfnisse und Ziele vermitteln. Zu späteren Zeitpunkten, wenn wir bei der Entscheidungsfindung wieder Reize erkennen, die für unsere Bedürfnisse bedeutsam sind, kommt es zur Aktivierung der körperlichen Markierungen oder *somatischer Marker*. Die Wahrnehmung der Marker sei nach Damásio eng mit der Aktivierung von Gehirnregionen verknüpft. In diesem Zusammenhang werden der ventromediale Präfrontalkortex (mittlerer, vorderer Abschnitt des vorderen Anteils des Hirnmantels) und die Amygdala für die Repräsentation der Marker sowie ihrer assoziierten Emotionen genannt. So sei die Integration von Bedürfnis- und Zielabwägung mit physiologischen Prozessen zu verstehen.

Dementsprechend hängt unsere körperliche Bereitschaft, eine Emotion zu empfinden, von der Bedürfnisbefriedigung und Zielverfolgung ab. Nur wenn Umweltreize unbestreitbar für unsere Bedürfnisse wichtig sind, können sie eine Wertigkeit durch Emotionen erhalten. Die Emotion markiert, was von Bedeutung für uns ist. Daher zeigt die Emotion unsere innersten Bedürfnisse auf. Sie teilt uns mit, wonach wir uns richten müssen, um Glück zu erreichen und Unglück zu vermeiden.

Vergleichbar aber aus einer kognitiv geprägten Perspektive hat sich Richard Lazarus der Emotionsentstehung angenommen (Lazarus und Folkman 1984). Er sieht die kontinuierliche Neubewertung der Umweltreize als den entscheidenden Mechanismus.

Der Gedanke ist entscheidend

Wenn wir mit einem Reiz oder einer bestimmten Situation konfrontiert sind, führen wir laut Lazarus eine initiale Bewertung der Wichtigkeit für uns aus. Angenommen wir sitzen im Bewerbungsgespräch für einen Job, auf den wir lange gehofft haben. Das Gespräch findet in einem Konferenzraum der Firma statt. Wir werden gebeten, auf einem bequemen Bürostuhl Platz zu nehmen. Uns gegenüber sitzen der Chef der Personalabteilung, die Leiterin des Auswahlkomitees und der Leiter der Abteilung, in der wir arbeiten wollen. Zunächst entscheiden wir laut Theorie, ob es sich überhaupt um eine Situation handelt, die mit uns zu tun hat. Im Beispiel geht es um einen Job, den wir uns sehr wünschen. Daher ist die Situation für uns persönlich von Bedeutung. Wenn sie es nicht ist, entsteht keine Emotion. Wenn doch, folgt eine sog. sekundäre Neubewertung: Ist die Situation positiv oder negativ? Können wir damit umgehen oder nicht? Welche Mittel stehen uns für die Bewältigung der Situation zur Verfügung? Nehmen wir für das Beispiel an, dass das Bewerbungsgespräch eine negative Situation darstellt. Zwar finden wir den Job attraktiv, aber das Gespräch ist eine sehr einschüchternde Situation, von der unsere Zukunft abhängt. Wir fürchten uns vor dem Versagen und sind gestresst. Je nachdem, wie sorgfältig wir uns vorbereitet haben, fühlen wir uns womöglich auch unsicher, ob wir unsere beste Leistung abrufen können. Mehr Recherche über die Firma hätte eine wertvolle Informationsquelle im Gespräch sein können.

Abhängig vom Ergebnis dieser Bewertungsprozesse würden wir mit dem Reiz in Interaktion treten. Da wir nervös sind, ist nicht jede Antwort ideal formuliert, wir geraten ins Schwitzen, stottern und bringen den zeitlichen Ablauf der bisherigen Karriere durcheinander. Unglücklicherweise sind die Interviewer sehr anspruchsvoll und stellen schwere Fragen. In Kombination mit unserer Unsicherheit interpretieren wir diese Haltung der Interviewer als sehr skeptisch uns gegenüber. Das bringt uns zusätzlich aus dem Konzept. Wir beantworten jede Frage so gut es geht und stehen das Gespräch durch.

Eine letzte Neubewertung bezieht sich nach Lazarus auf das Ergebnis der Interaktion. Waren wir erfolgreich darin, unser Ziel zu erreichen? Konnten wir unsere Bedürfnisse befriedigen? Wenn nein, wie ist nun weiter zu verfahren? Was bedeutet diese Erfahrung für unser zukünftiges Emotionserleben und Verhalten? Wie werden wir uns fühlen, wenn wir erneut in eine ähnliche Situation kommen? Das Gespräch war stressig, und wir zweifeln sehr daran, dass wir erfolgreich waren. Noch haben wir keine Gewissheit und fühlen uns niedergeschlagen. Mit der Erwartung, den Job nicht zu bekommen, und dem Eindruck, versagt zu haben, entsteht Trauer, und unsere Abneigung gegen Bewerbungsgespräche verstärkt sich. Zudem leidet unser Selbstwert darunter. Doch nach ein paar Wochen stellt sich heraus, dass wir den Job bekommen haben. Wenngleich sie nicht gut präsentiert waren, so haben die meisten unserer Antworten überzeugt. Die Angst vor Bewerbungsgesprächen bleibt bestehen, aber wir wissen, worauf wir in Zukunft achten können. Dadurch gewinnen wir Zuversicht. V. a. dieser letzte Teil über die Überraschung, dass wir den Job bekommen haben, verdeutlicht den Aspekt der kontinuierlichen Neubewertung in Lazarus Theorie. Neubewertungen von Reizen und Situationen können immer auftreten. So bleibt unser emotionales Erleben veränderbar.

Lazarus Theorie ist seit ihrer Formulierung mehrfach geprüft und angewendet worden. Durch ihren kognitiven Ansatz weist sie einen starken Zusammenhang zu Emotions- und Stresskontrolle auf. Die psychologische Wirkung eines Ereignisses, das in uns negative Emotionen oder Stress auslösen kann, der Stressor, hängt in Lazarus Theorie maßgeblich von der Art ab wie wir darüber denken (Folkman et al. 1986). D. h. selbst wenn zunächst eine starke physiologische Erregung, wie steigendes Adrenalin oder Cortisol, zu negativem Emotions- oder Stresserleben führt, können wir über Neubewertungen die negative Erfahrung verändern.

Je nach Sichtweise ist Emotion mal stärker physiologisch, mal stärker kognitiv geprägt, und mal ist sie eine Mischung. Was an einer Emotion immer beteiligt ist, egal welche Theorie wir zugrunde legen, ist eine Bewertung. Die Objekte in unserer Umwelt haben nicht von Natur aus einen Wert oder eine Valenz für uns. Natürlich gibt es Raubtiere, die wir gelernt haben, zu fürchten. Aber der Anblick eines großen Hundes, eines Bären oder eines Löwen löst nicht bei jedem Menschen dieselbe Furchtreaktion aus. Zudem gibt es physisch weniger einschüchternde Tiere, die eine breitere Vielfalt von Reaktionen nach sich ziehen. Hierzu zählen Schlangen oder Spinnen, die bei Menschen mit Phobien zu Panik und bei anderen zu gar keiner Reaktion oder Gelassenheit führen. Durch genetische Veranlagungen, unsere Persönlichkeit und Lernerfahrung bildet jeder Mensch sein individuelles Emotionserleben. Schließlich ist es der persönliche Umgang, der an Emotionen geknüpfte Gedanke, der mitbestimmt.

Ohne sie fehlt unserer Welt die Wertigkeit. Das ist wörtlich zu verstehen. Ohne Emotion fehlt eine affektiv geprägte Bewertung der Objekte in unserer Umwelt. Damit es etwas gibt, das uns antreibt, das uns erfüllt, brauchen wir Emotion. Sie kann, und darauf können sich die meisten der Emotionspsychologen einigen, die psychischen und physischen Steuerungssysteme des Menschen gleichstimmen. Mit einem festen Ziel vor Augen, gibt sie uns Kraft zu leben.

2.3 Angst engt ein, Hinsehen macht frei

Ulrich Beer

Das Wort *Angst* kommt von dem lateinischen Wort *angustiae,* was so viel wie Enge, Einengung bedeutet. Wenn unser Leben nicht mehr die genügende Weite besitzt, wir nicht die innere Freiheit und den Raum haben, in dem die Seele sich ausbreiten kann, dann verspüren wir meistens Angst. Philosophen wie Heidegger und Jaspers haben die Angst sogar als die Grundbefindlichkeit unseres Daseins beschrieben. Sicher hängt sie damit zusammen, dass jedes Leben zum Tode bestimmt ist. Lebensangst und Todesfurcht durchdringen einander. Wenn Sie nach einem organischen Ausdruck suchen, so ist es der Herzanfall, die *angina pectoris:* Das Leben ist in einen äußersten Engpass geraten – ohne Ausweg ins Freie. Da der Tod jeden betrifft, ist auch die Angst nicht ganz aus unserem Leben herauszuhalten. Viele Menschen projizieren ihre eignen Ängste auf andere und glauben, die anderen seien fürchtenswert. Das ist ein destruktiver Zirkel, der vor allem übersieht, dass der Ursprung der Angst in einem selbst liegt.

Viele unserer Zeitgenossen sind in das Gefängnis ihrer Ängste eingesperrt, die sie nach außen projizieren. Genauso krank und unfrei sind wir, wenn wir an unseren Ängsten nicht selbst arbeiten und sie nicht überwinden. Nun wird niemand leugnen, dass es in der Welt genug objektive Gründe für Angst gibt: Grausamkeiten und

Verbrechen scheinen zuzunehmen, Flüchtlinge strömen in die noch sicheren Nationen in der Hoffnung, Zuflucht finden zu können, die Kriegsfurcht ist nicht unbegründet, die Überlebenschancen angesichts der Bevölkerungs- explosion und der gleichzeitigen Umweltzerstörung schwinden sichtlich – wer sorglos in den Tag leben will, muss schon die Augen vor alledem gewaltsam verschlie- ßen. Und dennoch wäre Angst kein guter Ratgeber, diese Probleme zu lösen.

Es gibt allerdings auch eine kreatürliche Angst, die uns hilft, alle Energien zusammenzufassen. Es ist die Angst des Hasen vor dem Jäger oder des Hundes vor dem Ein- brecher, die die Energie gibt, rechtzeitig zu flüchten beziehungsweise mutig anzugreifen. Angst kann den Organismus in Extremsituationen zu äußerster Leistung antreiben. Die durch Angst und Furcht hervorgerufene Ausschüttung jenes Nebennierenhormons, das wir Adre- nalin nennen, bewirkt eine äußerste, wenn auch vorüber- gehende Kräftesteigerung, die dem Überleben dienen kann.

Es gibt aber auch eine lähmende und zehrende Sorge, die uns depressiv und untätig macht und die weitgehend in negativen Fantasien verwurzelt ist. Wir stellen uns vor, dass wir Misserfolg haben, andere Menschen uns Schwierigkeiten machen oder auch nur schief ansehen, dass wir nicht genug vorbereitet sind und im ent- scheidenden Moment versagen und vieles andere mehr. Diese Vorstellungen lähmen die Initiative und wir wagen schließlich keinen Schritt mehr zu tun – so wie jene Frau, die achtzehn Jahre lang ihre Wohnung nicht ver- ließ. Ganz sicher ist sie ein Opfer innerer Teufelskreise geworden, und jeder schüchterne Versuch, einen positiven Gedanken zu fassen: „Ich könnte spazieren gehen und Luft und Sonne genießen" – „Ich könnte etwas Gutes essen und trinken oder ein neues Kleid kaufen und mich darüber freuen", wurde im Ansatz zunichte gemacht durch destruktive Gedanken über all die möglichen schlechten Erfahrungen und Misserfolge, die mit solchen Versuchen verbunden sein könnte.

Mitten in unserer Gesellschaft leben zahlreiche Menschen, die von ihren Ängsten so bedrückt sind, dass sie sich gar nicht mehr unter Menschen trauen und die eigene Wohnung überhaupt nicht verlassen. Der Stressspiegel steigt, die Symptome treten bereits bei der Begrüßung des Nachbarn auf, beim Klingeln des Briefträgers oder des Telefons. Erst wenn sich die Zeitungen im Briefkasten häufen und er von Drucksachen überquillt, merken die Menschen, dass neben ihnen jemand gelebt hat, den sie überhaupt nicht kannten. Nun sind sie es, die Angst bekommen, und oft ist diese Sorge berechtigt. Ein einsamer Mensch in einem Mehrfamilienhaus ist gestorben und ist jahrelang nicht im Geringsten von irgendjemandem beachtet worden.

Weil wir unsere eigene Angst auf andere übertragen, fürchten wir uns vor ihnen. Das gilt in der Politik genauso wie für den privaten Bereich, zum Beispiel in der Partnerschaft oder im Beruf. Das sichere Auftreten und das Aussehen der anderen machen uns unsicher. Diese Unsicherheit weckt die Angst, nicht mithalten zu können. Wir fühlen uns zurückgesetzt. Die Schuld an unserem Dilemma schieben wir den anderen zu. Eine neue Kollegin im Büro ist uns auf Anhieb unsympathisch.

Sie kleidet sich unmöglich, ist stark geschminkt und kommt sich auch noch sehr wichtig vor. Ja, wir können sie einfach nicht ausstehen. Es mag unwahrscheinlich klingen, doch auch hier ist die Ursache für die starke Abneigung die Angst.

Immer wieder müssen wir uns nach den Ursachen unnötiger Angst in der eigenen Entwicklung fragen. Woher stammen sie eigentlich: Ängste und Unsicherheit, Schüchternheit und Erröten, Minderwertigkeitskomplexe und Lampenfieber? Fragen wir nun nach den Ursachen, so gibt es eine sehr allgemeine, die aus einer Grundbedingung allen menschlichen Lebens resultiert: Die Geburt hat uns aus der Geborgenheit im Mutterleib gelöst und in die kalte, helle Welt und damit in die Isolation und Vereinzelung hinausgeschleudert. Wir haben diese Tatsache mit Geschrei und Missmut quittiert, und seitdem begleitet uns der Drang, wieder aufzugehen in einer größeren Verbundenheit: in der Geborgenheit bei den Eltern, in der Vereinigung mit dem Liebespartner, in der Gemeinschaft von Gleichgesinnten, in der größeren Einheit der Schöpfung.

Alles, was Verbundenheit bedeutet, gibt uns Sicherheit und lässt Ängste schwinden. Alles, was Vereinzelung, Exponiertheit und Isolation bedeutet, vermittelt uns Gefühle von Unsicherheit und Angst: Wir beginnen zu frösteln. Warm werden wir erst wieder, wenn wir uns – zum Beispiel nach den ersten Sätzen einer freien Rede – gut angekommen, das heißt von den anderen angenommen fühlen. Angekommen- und Angenommensein bleiben uns lebenslang wichtige Grundbedingungen einer gesunden seelischen Existenz. Vor allem in der

Kindheit sind sie uns wichtig, weil hier der Grund gelegt wird für das Urvertrauen, mit dem wir unserem Tun und den Reaktionen, die es bei anderen auslöst, begegnen. Umgekehrt zeigt es lebenslange Folgen, wenn wir diese Bedingungen so sicher und uneingeschränkt nicht vorgefunden haben.

Nun ist Vermeiden eine der schlechtesten Haltungen gegenüber der Angst. Vermeidungsverhalten engt ein. Probierverhalten erweitert dagegen den Lebensradius, birgt allerdings auch die größere Gefahr unangenehmer Erfahrungen und Enttäuschungen. Wer diese ganz vermeiden will, gibt die Freiheit auf. Schmerz- und Misserfolgserlebnisse aber gehören zum Leben und wer dies nicht wahrhaben will, wird nie auf einen grünen Zweig kommen. Die großen Lebensängste sollten konfrontiert werden.

1. Zukunftsangst   Sie hat heute viele Gründe und viele Namen. Nie war die Atomgefahr so groß wie heute. Täglich finden in aller Welt Aufstände, Revolutionen und Terrorakte statt. Unsere natürliche Umwelt und unsere Energiereserven sind bedroht, die Kriegsgefahr ist seit dem Ende des Zweiten Weltkrieges unser ständiger Begleiter. Totalitäre Mächte könnten morgen unsere Freiheit und unseren Wohlstand zunichte machen.

2. Versorgungsangst   Viele Menschen fürchten – oft nicht ohne Grund –, dass ihre persönliche Versorgung nicht gesichert ist. Die Erfahrung mit zwei Inflationen im Hinterkopf, das Schicksal millionenfacher Arbeitslosigkeit vor Augen und die Berichte und Diskussionen über Wirtschaftskrisen, Rezessionen und Börsenkräche im Bewusstsein, fürchten sie um ihre eigene wirtschaftliche Existenz. Krankheit und andere Schicksalsschläge geben trotz des anerkannt guten Systems der sozialen Sicherung in unserem Land vielen Menschen ständigen Anlass zur Sorge.

3. Altersangst   Sie wird in einer Gesellschaft, in der die meisten Menschen erheblich älter werden, aber deswegen nicht jugendlicher und gesünder bleiben, zum ständigen Begleiter. Alter ist in unserer Gesellschaft immer noch ein negativ eingefärbter Begriff. Wir denken an Verfall, Verkalkung, Einsamkeit, Behinderung, Abhängigkeit, Hilfsbedürftigkeit, Alters- und Pflegeheim. Auch wenn für die meisten Alten materiell gesorgt wird, ist mit der Sorglosigkeit doch nicht die Gefahr der Sinnlosigkeit

gebannt. Solange wie möglich sucht man die Tatsache zu verleugnen, dass man älter wird.

4. Verlustangst In einer mobilen Gesellschaft wie der unseren mit hohen Umzugs-, Trennungs- und Scheidungsraten haben immer mehr Menschen Angst, die vertraut gewordene Umgebung, Heimat, Familie, Partner oder Mitmenschen zu verlieren. Schon das Kind, dessen Eltern tagsüber außer Haus sind, hat Verlassenheitsängste und wird früh auf eigene Füße gestellt. Dennoch gewöhnt sich der Mensch nicht daran, allein zu leben, sondern hat Furcht vor der Einsamkeit. Auch die Menschenmassen in den großen Städten schützen nicht davor. Im Gegenteil: Mit der Gefahr der *Verameisung* wächst die der Vereinsamung und damit Angst und Verzweiflung.

5. Beziehungsangst Scheinbar im Widerspruch dazu steht die Scheu vor engen Bindungen. In unserer Gesellschaft ist das Ziel die Unabhängigkeit und Sicherheit des Einzelnen. Er möchte auf niemanden angewiesen sein und sich von niemandem etwas sagen lassen. Dem entspricht, dass jede

Art von Abhängigkeit abgelehnt wird. Nun sind aber Bindung, Gemeinschaft und Geborgenheit aber ohne ein gewisses Maß an zwischenmenschlicher Enge und gegenseitiger Abhängigkeit nicht zu haben. So ergeht es den Menschen wie den beiden Stachelschweinen, von denen der Philosoph Schopenhauer berichtet:

Es waren einmal zwei Stachelschweine die sich in der Nacht dicht aneinander schmiegten, um sich gegenseitig zu wärmen, wobei sie sich jedoch unvermeidlich stachen. Gereizt und verärgert trennten sie sich, begannen jedoch schon bald vor Kälte zu zittern. Abermals suchten sie ihre Wärme und Nähe, wurden aber durch Schmerz und Ärger wieder auseinandergetrieben. Immer wieder versuchten sie es aufs Neue. Die Hoffnung auf die Wärme des Partners trieb sie zueinander, doch wurden sie bei jeder Berührung enttäuscht wieder auseinandergetrieben (Schopenhauer und Löhneysen 1965).

In diesem Dilemma stehen heute die meisten Beziehungen.

6. Potenzangst   Beziehungen, die mit dem Mangel an Vertrauen und der Scheu vor Bindungen eingegangen werden, erleiden häufig auch Störungen im sexuellen Bereich. Das sexuelle Vermögen ist sensibel und gefährdet.

Trotz der Befreiung auf erotischem Gebiet haben in den letzten Jahren und Jahrzehnten die sexuellen Störungen, insbesondere Potenzstörungen, zugenommen. Darüber hinaus verbinden wir mit Potenz aber auch physische und materielle Stärke, beruflichen und gesellschaftlichen Erfolg. Nichts ist schlimmer als zu versagen oder zu scheitern. Davor haben unzählige Menschen Angst. Deshalb ist auch das Leiden am Verlust des Arbeitsplatzes nicht in erster Linie materieller, sondern vielmehr seelischer Art: Man gehört nicht mehr dazu, gilt als Versager. Die Zahl der Depressiven und Selbstmörder aus Potenzverlust im engeren oder weiteren Sinne hat atemberaubend zugenommen.

7. Todesangst   Die zentrale Lebensangst ist – nur scheinbar widersprüchlich – die Furcht vor dem Tod. Sie hat einmal eine natürliche Seite und schützt unser Leben, weil wir akute Todesgefahren vermeiden. Sie hat aber auch eine sehr schwer fassbare, destruktive Seite, wenn wir nämlich nicht mehr mit dem Tod leben, ihn uns vertraut machen, ihn als *Freund Hein,* wie die Menschen früherer

Zeiten, selbstverständlich in unser Leben einbeziehen.

Weil dir bange vor dem Leben hast du vor dem Tode Angst (Busch und Kluge 2007).

So dichtete der Humorist Wilhelm Busch einmal sehr tiefsinnig. So ist es: Lebensangst und Todesfurcht hängen zusammen. Wir verdrängen den Tod aus den Häusern. Er findet auf den Straßen und in den Spitälern statt und wir wollen uns so lange wie möglich nicht mit ihm beschäftigen.

Eines ist sicher: Ein Übermaß an Angst lähmt das Leben, die Fähigkeit zum Glücklichsein und den Impuls zum verantwortlichen Handeln. Der Mensch lebt von der Hoffnung und braucht sie wie die Luft zum Atmen. Im Grunde gibt es hier nur zwei Verhaltensmuster, die möglich sind und die einander ausschließen:

1. Die eine Erlebniskette hat folgenden Verlauf: sich entschließen, sich stellen, erproben, Erfolg haben, wachsendes Selbstvertrauen, sich größeren Aufgaben stellen.
2. Die andere Verlaufskette sieht so aus: kneifen, sich ärgern, andere beneiden, aufmucken, es halben Herzens versuchen, scheitern, es nicht wieder versuchen, sich oder anderen die Schuld zuweisen, bitter und aggressiv werden, sich unter- oder überschätzen, sich gar nichts oder zu viel vornehmen.

Die eine ist die Siegerkette, die andere die Verliererkette. Beide sind hier in der Gegenüberstellung etwas krasser gezeichnet, als es das Leben gewöhnlich aufweist. Doch noch ausgeprägter wird der Unterschied, wenn man die Gefühle hinzunimmt, von denen beide Verlaufsketten begleitet sind: hier Zufriedenheit, Erfolgserlebnis, Glück, Dankbarkeit, innere Weite und Aufgeschlossenheit – dort Gedrücktheit, Ärger, Verzweiflung, Neid, Misstrauen, Enge, Unsicherheit, Schüchternheit und Angst. Dies ist ein Lebensgefühl, das im Grunde niemand ertragen kann und das auf die Dauer krank macht und quält.

Es gibt ein Anti-Angstprogramm, mit dessen Hilfe ich meine Widerstandskraft stärken kann:

* Ich akzeptiere eine gewisse Grundangst als notwendig, aber unterwerfe mich ihr nicht.
* Ich lerne mit ihr zu leben, denn andere können es auch. Gemeinsam sind wir stärker.
* Ich brauche Zuversicht und Hoffnung wie meine Atemluft. Darum entschließe ich mich zu Lebensmut und Vertrauen. Meine Furcht lasse ich fallen.
* Wenn eine Angst besonders stark wird, stelle ich mir vor, welches wohl der schlimmste Fall wäre und mache mich mit ihm vertraut. Auch damit lerne ich zu leben: Ich kann erkranken, werde älter, mein Leben ist begrenzt.
* Ich mache mir die Pluspunkte in meinem Leben klar und ziehe aus dem Positiven meine Kraft. Vertrauen und positives Denken führen weiter als Misstrauen und Angst.
* Ich streiche jedes Minus in meinem Leben und verwandle es in ein Plus: Nichts ist so schlecht, dass es nicht noch für etwas gut sein könnte.

* Ich akzeptiere, dass es auch Schweres und Schmerz-haftes gibt. Ich kann damit leben und weiß: Selten wird etwas so schön, wie man erhofft, aber selten auch so schlimm, wie man befürchtet hat.
* Ich übe mich in Gelassenheit und Gleichmut: Morgen sieht schon alles ganz anders aus.
* Ich lasse mich nicht darauf ein, die Angst in mir wach-sen zu lassen und mich hineinzusteigern. Angst ist der schlechteste Ratgeber. Darum fasse ich täglich wieder Vertrauen.
* Wenn mir dies schwer fällt, lese ich ermutigende Texte – die Psalmen, die Klassiker, Humoristen – und schreibe mir ihre Worte auf.
* An gut sichtbaren Stellen bringe ich aufmunternde Sätze an: Es geht mir täglich besser. Ich denke positiv. Ich begrüße den neuen Tag. Ich freue mich auf den nächsten Menschen. Ich habe die Kraft zum Guten. Ich baue auf Gott.
* Ich trete in den Bannkreis der Angst, ziehe mich nicht zurück, sondern gehe auf das Leben und die Men-schen zu, gerade auch auf die, die ich fürchte: den Vorgesetzten, den Fremden, den Feind. Vertrauen über-windet Angst und schafft neue Tatsachen.
* Ich wage auch einmal das Ungewöhnliche, ver-gesse mich und tue das, wovor ich bisher Angst hatte. Plötzlich stelle ich fest: Die meisten Ängste sind unbegründet. Wenn ich auf den Gegenstand der Angst zugehe, löst er sich oft in Nichts auf – man denke an die Pestärzte, die meist nicht erkrankten.
* Nur wer sein Leben allzu sehr liebt, hat ständig Angst. Wer für etwas Höheres lebt, kann sie verlieren. Er ver-mittelt auch anderen Hoffnung und Zuversicht.

❋ In der Welt gibt es genügend Gründe für Angst und Hoffnung. Es liegt in meiner Entscheidung, ob ich mein Leben von der Angst beherrschen lasse und verliere oder ob ich auf die Hoffnung setze und gewinne.

❋ Damit ich nicht verzage, suche ich Kontakt mit Gleichgesinnten: Heute hat der eine ein Tief und der andere kann ihn stützen. Morgen ist es umgekehrt. Sagte doch schon der Prediger Salomon: Einer mag überwunden werden, zwei werden widerstehen.

❋ Ich trete aus mir heraus und nehme Abschied von mir. Plötzlich erscheint alles nicht mehr so wichtig: Ich hänge nicht am Leben, an Besitz, an Ehre und Geltung. Ich stelle mir vor, auch mit Verlusten leben zu können und verliere die Angst davor. Umso mehr genieße ich den Tag und alles, was er mir gibt. Meine Angst und Sorge ändern nichts. Frei von Angst lebe ich offener, ausgeglichener und glücklicher.

Wolfgang Amadeus Mozart schrieb in einem Brief an seinen Vater Leopold kurz vor dessen Tod:

> Ich lege mich nie zu Bett, ohne zu bedenken, dass ich vielleicht, so jung als ich bin, den andern Tag nicht mehr sein werde, und es wird doch kein Mensch von allen, die mich kennen, sagen können, dass ich im Umgang mit den Menschen mürrisch oder traurig wäre. Und für diese Glückseligkeit danke ich alle Tage meinem Schöpfer und wünsche sie von Herzen jedem meiner Mitmenschen (Mozart 1787).

Ursprung, Zweck und Kontrolle der Emotion

Emotion gibt Anlass zum Aufbruch. Selbst negative, die das Scheitern kennzeichnen, geben den Anstoß, Veränderung anzustreben und aus Fehlern zu lernen. Dabei entsteht die Emotion nicht zufällig. Ob eine kognitive Bewertung das Gefühl formt oder eine Hormonkonzentration über den Charakter der Empfindung bestimmt, ist nicht genau bekannt. Auch ob zuerst der Gedanke, das Herzrasen oder komplizierte Verknüpfungen von implizit erkannten somatischen Empfindungsmustern und automatischen Bewertungen eintreten, ist schwer festzustellen. Jedoch spielen alle diese körperlichen und kognitiven Komponenten beim Emotionserleben eine Rolle. Jede davon gibt der Emotion eine Qualität und wird von uns mit den anderen von selbst integriert. Aus dem Ergebnis ziehen wir Schlüsse über die gegenwärtige Lage, die wiederum unser zukünftiges Verhalten prägen. Schließlich finden wir über diese Ansätze, wie z. B. die Wirkung von neuen Gedanken und neuen Bewertungen auf Emotionen, eine erste Möglichkeit, Einfluss auf unsere Gefühle zu nehmen. Dafür ist es aber unabdinglich, offen für die ursprüngliche Emotion zu sein. Angst vor unliebsamen Wahrheiten oder Verdrängtem engt den Blick ein. Sich der Ursprünge und Gründe der Angst oder anderer Emotionen bewusst zu werden, ist der erste Schritt, diese Gefühle zu verstehen und sie zu bewältigen.

Literatur

Busch, W., & Kluge, T. (Hrsg.). (2007). *Wilhelm Busch für Boshafte*. Frankfurt a. M.: Insel.

Cannon, W. B. (1927). The James-Lange theory of emotions: A critical examination and an alternative theory. *The American journal of psychology, 39*(1/4), 106–124.

Damásio, A. R. (1997). *Descartes' Irrtum: Fühlen, Denken und das menschliche Gehirn*. Berlin: List.

Damásio, A. R., Everitt, B. J., & Bishop, D. (1996). The somatic marker hypothesis and the possible functions of the prefrontal cortex [and discussion]. *Philosophical Transactions of the Royal Society of London B: Biological Sciences, 351*(1346), 1413–1420.

Folkman, S., Lazarus, R. S., Gruen, R. J., & DeLongis, A. (1986). Appraisal, coping, health status, and psychological symptoms. *Journal of Personality and Social Psychology, 50*(3), 571.

Gracián, B. (2013). *Handorakel und Kunst der Weltklugheit*. München: Manesse.

Lange, C. G., & James, W. (1922). *The emotions*. Baltimore: Williams & Wilkins.

Lazarus, R. S., & Folkman, S. (1984). *Stress, appraisal, and coping*. New York: Springer publishing company.

Mozart, W. A. (1787). Brief an Leopold Mozart: 04.04.1787. http://dme.mozarteum.at/DME/briefe/letter.php?mid=1614&cat=. Zugegriffen: 3. Nov. 2016.

Schachter, S., & Singer, J. (1962). Cognitive, social, and physiological determinants of emotional state. *Psychological Review, 69*(5), 379.

Schopenhauer, A. & Löhneysen, W. von. (Hrsg.). (1965). *Sämtliche Werke textkritisch bearbeitet und herausgegeben von Wolfgang Frhr. von Löhneysen*. Stuttgart: Klett-Cotta.

3

Euphorie, Melancholie und Apathie in der Hand haben

Zusammenfassung Emotionen, wenn sie auch zweck-
haft sind, können uns in verschiedene Richtungen lenken.
Es gibt immer mehrere Impulse, mehrere Optionen, die
wir abwägen müssen. Zu entscheiden, wie viel Macht über
uns wir welchem Gefühl zugestehen, ist eine charakter-
formende Herausforderung. In diesem Kapitel geht es um
Entscheidungsfindungen, wie Emotionen uns informieren
und wie wir sie für die Zielerreichung nutzen. Neben der
perfekten Instrumentalisierung der Emotion für die Zielerreichung soll der Kontrollverlust thematisiert werden.
Fälle extremer Emotionseinwirkung und irrationaler Hand-
lungsimpulse stellen eine Bedrohung für unsere internen
Selbstregulationsmechanismen dar. Kontrolle über Emotionen ist in beiden Extremformen – zu viel oder zu wenig –
keine Ideallösung. Ihre Dosierung ist die wahre Kunst.

© Springer-Verlag GmbH Deutschland, ein Teil von Springer
Nature 2019
U. Beer und M. R. Güth, *Fühlen macht Sinn,*
https://doi.org/10.1007/978-3-662-57864-3_3

3.1   Zwischen Furcht und Freude

Malte R. Güth

Chancen nutzen oder Unglücke verhindern

Trete ich auf die Bühne und spreche zu einer gesichtslosen Masse, überschlagen sich die Gefühle. Mein Herz schlägt schneller, und ich fühle den Schweiß meinen Nacken hinunterlaufen. Es fällt mir schwer, mich zu konzentrieren. So viele mögliche Ausgänge schießen mir durch den Kopf. Manche sind glücklich, manche katastrophal. Vielleicht spreche ich zu Freunden und Verwandten, zu Fremden, zu Gönnern, zu Kritikern, zu Würdenträgern, zu einfachen Leuten, zu Richtern meiner Leistung, zu Unbeteiligten, zu einhundert oder nur zu einer Person. Es könnte sich um eine einmalige Chance handeln. Eine Leistung kann über Jahre meines Lebens entscheiden. Wie werde ich ankommen? Ich sehe die Chance! Ich fühle den Wunsch, alles zu geben und den Moment zu meistern. Gleichzeitig fühle ich in diesem Moment auch Furcht vor dem Versagen. Ich denke an alles, das gelingen und alles, das missglücken kann. Einerseits finde ich Mut, die Chance zu nutzen, andererseits Selbstzweifel, der zur Vorsicht ermahnt. Ich will den Moment ergreifen und ich will vor ihm fliehen.

Beflügelnde Freude und lähmende Angst – zahlreiche menschlichen Emotionen und Persönlichkeitseigenschaften lassen sich zu einem dieser zwei Oberbegriffe verbinden. Wir befinden uns in einer ständigen Abwägung von Annäherung und Vermeidung. Entweder wir suchen das positive Gefühl oder fliehen vor dem negativen. Beide Verhaltensweisen sind notwendig. Die Annäherung geht mit Vorfreude einher und bringt uns den Ehrgeiz, auf Ziele hinzuarbeiten. Sie ermöglicht es uns, Großes zu leisten und zu genießen. Ohne sie würden wir in Furcht erstarren. Die Vermeidung lässt uns innehalten und reflektieren. Furcht und Angst dienen als Warnsignale. Ohne sie würden spontane Impulse unser Verhalten bestimmen. Hier ist zu bedenken, dass Furcht und Angst nicht dasselbe meinen. Während Angst eher der Sorge ähnelt und in Erwartung eines negativen Ereignisses empfunden wird, ist Furcht auf die unmittelbar vorhandene Situation bezogen. Wenn ich vor der Bache im Wald stehe, fürchte ich mich vor ihrem Angriff. Wäge ich ab, ob ich in den Wald gehe, lasse es aber, weil ich erwarte, einer Gefahr begegnen zu können, habe ich Angst.

Jeffrey Gray hat die wahrscheinlich berühmteste Konzeption des Dualismus von Annäherung und Vermeidung vorgestellt. Seine *Reinforcement Sensitivity Theory* (in etwa: *Theorie der Verstärkungssensitivität*) ist eine bedeutende Errungenschaft in der Psychologie (Gray 1987). In ihr beschreibt Gray Verhaltenssysteme der Motivation und Persönlichkeit, die die Neigungen eines Menschen zu Annäherung und Vermeidung darstellen. Dabei sprach Gray von der *Sensitivität für Belohnung,* die der *Sensitivität für Bestrafung* gegenüber steht. Belohnung brachte Gray zusammen mit einer Verhaltensdimension der Annäherung (z. B. auf andere Menschen aus Geselligkeit zuzugehen oder hart zu arbeiten, um ein Ziel zu erreichen). Dagegen wird Bestrafung der Vermeidung zugeordnet (z. B. vor einer Gefahr zu fliehen). Für beide Verhaltens- sowie Motivationssysteme werden neurobiologische Grundlagen im Gehirn identifiziert.

Beispielsweise wird die bereits erwähnte Amygdala, die zur Entstehung von Furcht beiträgt, in dieser Theorie der Sensitivität für Bestrafung zugeordnet. Dagegen sind Belohnung und Annäherung enger mit Strukturen verknüpft, die Dopamin produzieren und empfangen. Neben der Ausführung motorischer Funktionen dient Dopamin nämlich der Verarbeitung von Belohnung. Dabei ist es in unserem Gehirn sowohl für die Erwartung von Belohnung als auch für den Genuss von Belohnung verantwortlich.

Für viele ist es befremdlich, etwas so Intimes wie Emotion und Persönlichkeit mit organischen Funktionen zu verknüpfen. Die Verankerung des Geistes im Körper ist schon Descartes zuwider gewesen. Er forderte, dass körperliche und seelische Funktionen strikt zu trennen seien. Allerdings ist nicht leugnen, dass Schäden des Gehirns zu spezifischen emotionalen und geistigen Beeinträchtigungen führen. Genauso führt Methylphenidathydrochlorid als wesentlicher Bestandteil von Medikation für ADHS Patienten dazu, dass kurzweilig Aufmerksamkeitsdefizite ausgeglichen werden. Ihre Rolle in der Therapie muss kritisch diskutiert werden, aber niemand würde bestreiten, dass Psychopharmaka auch Menschen mit psychiatrischen Erkrankungen wie Schizophrenie oder Depression vorübergehend helfen, ihre Leiden zu ertragen. Um die Verknüpfung von Körper und Geist zu erkennen, muss noch nicht einmal zum Störfall gegriffen werden. Der morgendliche Kaffee ist für die meisten unverzichtbar. Wir nutzen ihn als Starthilfe in den Tag, denn er macht wach und stimmt positiver. All diese Substanzen wirken über Botenstoffe unseres Körpers, die das zentrale Nervensystem beeinflussen. Ihre Wirkung können wir subjektiv erleben. In anderen Worten es folgt einer Ursache auf körperlicher Seite eine Konsequenz auf der seelischen. Zuletzt ist schon deutlich geworden, dass Emotionen eine starke physiologische Komponente haben. Wir mögen sie nicht konkret in Worte fassen können, aber wir sind uns sicher, das Herz gegen die Brust hämmern zu spüren, wenn wir aufgeregt sind.

Wenn sich in unserem Gehirn eng mit bestimmten Verhaltens- und Erlebensweisen assoziierte Mechanismen identifizieren lassen, wie sollten diese keine Auswirkung auf unsere Gefühle haben? Annäherung und Vermeidung sind Dimensionen unseres Verhaltens, die in unserer Evolution verankert sind. Einst näherten wir uns der Beute und der sicheren Gemeinschaft an, während wir vor dem überlegenen Fressfeind flohen und uns gegen den Bezwingbaren verteidigten. Mit unserer Entwicklung wurden diese Systeme komplexer. Wir haben gelernt, uns höhere Bedürfnisse wie Anerkennung und persönliches Wachstum genauso zu wünschen wie das Erlegen der Beute. Die Sicherheit, die uns eine Gruppe spendete, fanden wir in der Intimität der Zweisamkeit.

Wie im Beispiel beschrieben, stehen den Aussichten auf diese positiven Erlebnisse die Furcht vor dem Scheitern und der Bestrafung entgegen. Manchmal müssen wir diese negativen Emotionen meistern, um erfolgreich oder glücklich zu sein. Manchmal führen Angst und Furcht zum geeigneteren Verhalten. Wenn wir z. B. am Abend vor einem wichtigen Bewerbungsgespräch die Wahl haben, mit den Freunden etwas trinken zu gehen oder ein paar letzte wichtige Vorbereitungen zu treffen, hilft die Angst vor dem Misserfolg, vorsichtig zu sein und gut gerüstet

ins Bewerbungsgespräch zu gehen. Genauso kann Furcht
uns mitteilen, dass das Erreichen des positiven Ergeb-
nisses, das mit einer Entscheidung verbunden ist, die Risiken nicht wert ist. Natürlich wünschen wir uns, rechtzeitig
zum wichtigen Bewerbungsgespräch zu kommen. Dafür
aber eine rote Ampel bei rasendem Verkehr zu überfahren,
erscheint unvernünftig und könnte fatal enden. Ähnliche
Abwägungen hemmen die meisten Menschen, wenn wir
versucht sind, lebensgefährliche Extremsportarten auszu-
probieren oder illegale Drogen wie Meth zu kosten. Bei
anderen überwiegt die Neugier auf die Erfahrung.

Grays Theorie wurde über die Jahre mehrfach neu
gefasst. In einer der früheren Überarbeitungen kon-
zeptualisierte Gray die Systeme neu und fügte ein drittes,
eine dritte Sensitivität, hinzu (Gray und McNaughton
2000). Bei der *Sensitivität für Konflikte* handelt es sich um
eine psychische Instanz, die uns die scheinbare Unverein-
barkeit mehrerer Handlungsoptionen signalisiert. Wenn
die Neugier auf die Droge, die Erfahrung der Extrem-
sportart oder die Chance auf den Traumberuf ihre jewei-
ligen Risiken nicht klar ausstechen, soll diese Instanz den
Konflikt erkennen und lösen.

Welche Optionen und Emotionen in Konflikten über-
wiegen, hängt vom Individuum ab. Ob wir uns dem
Positiven hinwenden oder das Negative vermeiden, ist
eine persönliche Entscheidung. Das gilt auch für die
Empfänglichkeit für Konflikte. Feste Moral- und Wert-
evorstellungen könnten einen Menschen stets vorsichtig
und zögerlich bei der Entscheidungsfindung machen.
Keine Option soll übereilt verworfen werden, bevor

nicht alle Konsequenzen bedacht sind. Diese Konflikt-
sensibilität hängt auch mit Ängstlichkeit zusammen, da
beides uns vor einer Entscheidung zögern lässt. Der Verlust einer Belohnung und das Erleiden einer Bestrafung
sind beide relevante Ereignisse in unserem Leben. So kann
eine stabile Neigung, eines davon vorzuziehen, unser Verhalten und Gefühle langfristig formen. Was wir in der
Vergangenheit erleben und sich bewährt, werden wir in
Zukunft wiederholen.

Sich einer anderen Person zu öffnen, birgt Risiken und
Gewinne. Wir könnten Verständnis erfahren, Trost finden
und Rat erhalten. Doch wir könnten auch auf Ablehnung
treffen. Vertrauen kann betrogen und gegen uns verwendet
werden. Wem diese Aussicht zu einschüchternd ist, wird
sich verschließen. Hat er diese Erfahrung bereits gemacht,
steigt die Wahrscheinlichkeit, dass er sparsam mit seinem
Vertrauen umgeht. Die Angst lähmt zum Selbstschutz,
und sie ist berechtigt. Würden wir uns jeder beliebigen
Person anvertrauen, würden wir unausweichlich Schmerz
erfahren. Es gibt gute Gründe, aus denen wir nicht jedem
Passanten auf der Straße unsere intimsten Geheimnisse
aufbürden. Wird diese grundsätzlich vernünftige Einstellung übermächtig, verlieren wir aber das Geschenk von
Verständnis und Unterstützung durch andere.

Sowohl Hin- als auch Abwendung müssen ausgelebt werden. Die Wahl, wann wir uns öffnen und wann zurückziehen, trägt dazu bei, den Menschen zu formen, der wir
sein wollen.

Wollen wir ein nach außen gekehrter Mensch sein, der stets erpicht auf die nächste Aufregung, die nächste einmalige Erfahrung ist, oder einer, der in einer Scheinstarre dahinzuleben scheint? Beide Persönlichkeiten kennzeichnen bemerkenswerte Menschen. Aber sind diese Lebensentwürfe erstrebenswert?

Auf den ersten Blick scheint die Antwort simpel: Wenn das Leben uns eine Möglichkeit biete, solle sie um jeden Preis genutzt werden. Wer lange zögere, versinke in der Monotonie und im banalen Alltag. Auf das Positive im Leben aus zu sein, sei vergnüglicher als immer an die negativen Konsequenzen zu denken. Menschen, die diesen Direktiven Folge leisten, seien die angenehmeren und interessanteren. Freude, Stolz oder Neugier seien Furcht, Ekel, Wut oder Trauer stets vorzuziehen.

Diese Annahmen sind irreführend. Ein Mensch, der lediglich ein Ende des Emotionsspektrums kennt, ist unvollständig. Im obigen Fall wirkt er auf andere womöglich impulsiv, achtlos und unberechenbar. Er selbst könnte Rastlosigkeit und Unausgeglichenheit empfinden. Ihm könnte die Ruhe fehlen, in sich zu kehren. Er könnte unfähig sein, sich zu beherrschen und müsste jedem Impuls nachgehen, so irrational er im Nachhinein auch sein mag.

Von außen mag er interessant wirken, aber innerlich könnte ihn Leere plagen. Oberflächlich betrachtet strahlt er und kennt kein Ermüden. Hält er aber inne, könnte ihn bald die Erkenntnis einholen, dass nichts von Dauer ist, und er sich nie die Zeit genommen hat, in sich zu ruhen.

Ein Mensch definiert sich nicht bloß über klar sichtbare Taten, sondern auch über die Momente, in denen er

Zurückhaltung oder Rückzug wählt. Eine Grundangst zu akzeptieren, bedeutet, sich zu beherrschen. Es bedeutet, inne zu halten, komplexe Situationen mehrfach zu bewerten, eine neue Perspektive zu wählen, Prioritäten zu setzen und bedacht zu handeln. Das muss nicht zur Starre führen. Nur wenn die Angst der dominante Einfluss in all unseren Handlungen ist, werden wir geistig unflexibel. Alles wird durch die Aussicht auf Unglück eingefärbt. Wir schätzen unsere Fähigkeiten und Chancen falsch ein. Alles scheint zu Beginn schon einschüchternd und hoffnungslos.

Die Balance von Freude und Angst hingegen öffnet für neue Sichtweisen auf die Welt. Vormals eindeutige Erlebnisse, erhalten eine neue Bedeutung, wenn wir uns erlauben, Angst oder Freude in allen Lebenslagen zu finden. Die Angst zu ertragen, hilft uns, Aufregung zu zügeln, und die Freude treibt uns an, trotz hemmender Angst, auf unser Ziel zuzustreben. Welche der beiden Seiten sich durchsetzt, ist Ausdruck unserer innersten Bedürfnisse. Gewinnt die Annäherung und die Aussicht auf Glück, so war dies der Impuls, der uns trotz aller Risiken, zu wichtig war, um unterdrückt zu werden. Gewinnt die Vermeidung, war dies gleichermaßen, der Rückzug, mit dem wir uns am wohlsten gefühlt haben. Auf diese Weise entsteht erst aus dem gemeinsamen Wirken von Hin- und Abwendung ein stabiles Selbst. Wir erhalten ein Gefühl dafür, was uns am Herzen liegt und eine Orientierung für die Zukunft. Denn was und wie wir erleben, kann ein wertvoller Kompass sein. Noch bevor wir bewusst eine Entscheidung treffen, gibt uns ein Gefühl einen Hinweis, was wir wirklich wünschen.

3.2   Wut verzerrt uns

Ulrich Beer

Das Wort *Wut* kommt in der Bibel auffälligerweise fast gar nicht vor – das Wort *Zorn* füllt in meiner Konkordanz dagegen zwei Seiten mit über 150 Erwähnungen. Zorn wird als Attribut auch Gott zugeschrieben. Bei Wut wäre das kaum möglich. Was macht den Unterschied aus? Zorn hat – schon vom Wortklang her – einen höheren Wert. Wir kennen auch den Ausdruck *Heiliger Zorn,* eine heftige Erregung, mit der auf verletzte Werte, Gebote oder Menschenrechte reagiert wird. Dieser Zorn kommt sozusagen von oben, die Wut dagegen von unten, aus der Triebschicht, wo die niederen Affekte zu Hause sind. Der Zorn hat etwas Aristokratisches, die Wut etwas Animalisches.

Mit Wut reagieren wir, wenn wir persönlich verletzt werden, uns unterdrückt, unterschätzt, unterbewertet fühlen. Bei Wut können wir die Kontrolle über uns, ja die Besinnung verlieren. Wir schlagen aggressiv um uns, möchten die Ursache, den Urheber der Kränkung zerstören und wenn möglich sogar noch mehr: alles, was gerade erreichbar ist – vom Küchengeschirr im Ehestreit bis zum Automobil. Wut kennt keine Grenzen, eskaliert im Vollzug und kühlt irgendwann – je nach Energiepotenzial und Wetterbedingungen – schließlich ab (bei klirrendem Frost oder Eisregen wütet sich's schwerer!).

Der Wütende verändert sich bis zur Unkenntlichkeit. Er ist während des Wutausbruchs ein anderer Mensch

und für die, die ihn zu kennen glaubten, nicht wiederzu-
erkennen. Das Gesicht rötet sich, schwillt an, die Augen
treten hervor, werden feurig und zugleich starr, der ganze
Körper zittert, die Bewegungen werden immer schwerer
kontrollierbar und geraten schließlich ganz außer Kontrolle. Die Fäuste schlagen zu, die Füße treten zu. Der
Mensch entäußert sich, verliert dabei sein menschliches
Antlitz und jedes menschliche Maß.

Die Wut ist vielleicht das deutlichste, ja drastischste
Beispiel für den Bumerang-Effekt, also dafür, dass der
Schuss nach hinten losgeht. Der Wütende verletzt andere,
aber vor allem verletzt er sich selbst. Das gilt schon rein
physisch. Blutdruck und Puls steigern sich in lebensgefähr-
lichem Grade, man bekommt Schwierigkeiten mit dem
Atmen und die Gefahr, einem Herzschlag zu erliegen,
rückt in greifbare Nähe. Vor allem aber gilt das für die
Psyche. Sie verändert sich – auch physiognomisch sichtbar –
ins Primitive und Rohe, ins Animalische.

In der Wut lösen sich schwer fassbare archaische Energien mit vulkanischer Gewalt, deren Ursprung wir nicht
genau kennen. Denn sie klingen früher oder später wieder
ab und bleiben den Betroffenen und oft genug Bestürzten
selbst ein Rätsel. Da bringen Männer ihre Familien und
schließlich sich selbst um. In der Wut – *im Affekt,* wie es
heißt – verübte Untaten werden milder beurteilt, weil der
Wütende zum Zeitpunkt der Tat nicht im vollen Besitz
seiner seelischen und geistigen Kräfte war, vor allem nicht
seiner Selbstkontrolle und Selbstbeherrschung. Er ist sozusagen nicht mehr – oder noch nicht wieder – ganz Mensch

mit voller Verantwortlichkeit. Er verliert damit einen Teil seiner menschlichen Würde – ganz kann er sie laut Grundgesetz Artikel 1 ja nie verlieren. Insofern ist er mit seiner Wut trotz oder wegen der mildernden Umstände auch gerade selbst bestraft (selbst wenn er nicht strafmündig sein sollte).

Das Strafrecht geht also davon aus, dass der Mensch nicht immer in voller Bedeutung des Wortes Mensch ist, sondern in *vormenschliche* Stadien zurückfallen kann – auf Zeit oder in pathologischen Zuständen auch für länger oder gar auf Lebenszeit. Wenn Kant sogar die Leidenschaft der Liebe als pathologischen Zustand einschätzt, dann verdient es die Leidenschaft der Wut erst recht, zumal die erstgenannte Leidenschaft den Menschen in ungeahnte Himmel heben, die Wut ihn aber in fürchterliche Höllen stürzen kann, sodass sich sein Antlitz grausam und unmenschlich verzerrt.

> Wer jemals das Auge der energischen Bestialität hat blitzen sehn, den beschleicht eine grauenvolle Ahnung, dass ein einziger sonderbarer Halunke auf dem Uranus die Erlösung aufhalten, dass ein einziger Teufel stärker sein könnte, als ein ganzer Himmel voll Heiliger (Busch 1968).

umschreibt Wilhelm Busch, der Menschenkenner und Pessimist, einmal seine Sorge. Wut und Hass im Kollektiv, in den Gesichtern aufgehetzter Menschenmassen, drohen gerade heute die Menschheit zu verändern. André Glucksmann schreibt in seinem Buch *Hass – die Rückkehr einer elementaren Gewalt*:

Es fällt auf, wie genüsslich der Hass sein Ziel anvisiert und wie genau er es trifft, wie er, ohne sich auf erbärmliche Beschuldigungen und persönliche Ressentiments zu stützen, die Massen zu mobilisieren versteht. Fragen: Warum lässt sich der Hass nicht auf einen jähzornigen Charakter beschränken? Warum wirkt er ansteckend und breitet sich wie ein Feuer aus? Statt einer Antwort eine Hypothese: Weil er in seiner absoluten Willkür die tiefsten Anliegen der conditio humana berührt (Glucksmann 2005).

Danach wäre der kollektive Wutausbruch ein urmenschliches Bedürfnis, verwandt dem von Sigmund Freud entdeckten Todestrieb (Freud 1920, 1992) und dem von Hans Magnus Enzensberger in einem Spiegel-Essay in den Selbstmordattentaten der islamischen Fundamentalisten enthüllten Selbstvernichtungsdrang (Enzensberger 2006) einer wachsenden Zahl von Menschen, die die Welt mit sich in den Untergang reißen möchten.

Nach Enzensberger staut sich dieser destruktive Drang am dichtesten in der Figur des Verlierers, die in Zeiten der Globalisierung und anonymer werdenden Sozialisierung und Technisierung immer häufiger zu finden ist. Fremdschuld und Selbstschuld an dieser Misere bilden in seiner Seele ein aggressives Gemisch und führen zu dem Resümee, dass sein eigenes Leben nichts wert sei. Psychologen nennen diese Heimsuchung die Identifikation mit dem Aggressor. Wenn aber sein Leben keinen Wert mehr hat, wie sollte ihn dann das Leben anderer kümmern?

„Es liegt an mir." „Die anderen sind schuld." Diese beiden Momente schließen sich nicht aus. Im Gegenteil: Sie steigern einander nach dem Modell des circulus vitiosus.

Aus diesem Teufelskreis kann der radikale Verlierer sich durch seine Reflexion befreien, aus ihm zieht er seine unvorstellbare Kraft. Der einzige Ausweg aus dem Dilemma ist die Fusion von Zerstörung und Selbstzerstörung, Aggression und Autoaggression (Enzensberger 2006).

Konsequent ist dieser erschreckende Aspekt ausgeführt in André Glucksmanns erwähntem Buch *Hass – die Rückkehr einer elementaren Gewalt,* gleichsam einer Kulturgeschichte der selbstzerstörerischen Vernichtungswut. Leider trennt Glucksmann nicht zwischen Zorn und Wut, und häufig meint er Wut, wenn er Zorn sagt – wie ja auch der Zorn nicht ganz zutreffend unter die Todsünden gezählt wird. Auch Seneca meint, wenn er in *Die kleinen Dialoge* über den Zorn schreibt, offenbar eher die Wut:

> Diese aber ist reine Erregung und folgt ihrem dunklen Drang. Schmerz, Waffen, Blut, Hochgericht, das ist ihr ganz unmenschliches, rasendes Verlangen. Wenn sie nur einem andern schaden kann, achtet sie ihrer selbst nicht, stürzt sich mitten in die Speere und giert nach Rache, auch wenn diese den Rächer ins Verderben reißt (Seneca und Fink 2008).

Den Selbstmordattentätern in ihrer im Kampf gegen Kulturen aufgestauten Wut ist es dann gleichgültig, wen sie mit ins Verderben reißen – es sind genauso Glaubens- oder Stammesgenossen wie ihre angeblichen Feinde.

Nichts beweist den nihilistischen Bumerang-Effekt mehr als diese unbestreitbare Tatsache, die sich von Tag zu Tag mehr zu seiner Gefahr für die Menschheit ausweitet.

Wolfgang Schmidbauer benennt in seinem Buch *Der Mensch als Bombe* das *wütende Heimweh* als tiefste Wurzel dieses aggressiven Nihilismus (Schmidbauer 2003). Durch Verfolgung, Migration, Kriege und Industrialisierung haben unzählige Menschen ihre äußere und vor allem innere Heimat verloren. Das Gemisch aus Enttäuschung, Bitterkeit, Neid und Frustration gegenüber denen, die es vermeintlich und zu Unrecht besser haben und dies in den Medien hemmungslos zur Schau stellen – der reiche und degenerierte Westen also – deformiert das Heimweh in sinnlose und selbstmörderische Wut.

Schmidbauer schreibt:

> Heimat ist die Garantie nicht nur körperlicher, sondern vor allem auch seelischer Versorgung. Wer in der Heimat ist, wird von allen gegrüßt, ist für alle bedeutsam, hat in jeder Krise seine Nachbarn zur Hand (Schmidbauer 2003).

Der Verlust der Heimat lässt Wut, Hass und Sehnsucht auf neue Paradiese an die Stelle treten. Das macht Religionen und Ideologien, die solche versprechen, so gefährlich. Helfen könnte nur, wirklich Heimat zu geben: Aufnahme, Integration in die Weltgesellschaft, aber auch neue innere Heimat in eine von Liebe und nicht von Hass erfüllte Glaubens- und Lebenswelt.

Wie kann ich meine Wut oder meinen Zorn in angemessener Form ohne Aggressivität äußern? Zunächst überprüfe ich, welche alltäglichen Vorfälle mich immer wieder innerlich aufreiben und verärgern. Ich ärgere mich zu Hause ständig über das Kindergeschrei im Hof vor meinem Arbeitszimmer. Da tägliche Warten in der Autoschlange auf der Fahrt zum Büro macht mich rasend. Welche Möglichkeiten habe ich, wenn ich wirklich verärgert bin? Wie kann ich dieses Gefühl äußern, ohne aggressiv zu werden? Zunächst akzeptiere ich meine innere Spannung und frage mich, ob sich diese Aufregung denn überhaupt lohnt. Ich überdenke die Situation, bevor ich handle. Meine Erregung wird zum Abklingen kommen, ich reagiere nicht explosiv. Ich kann mir auch Erleichterung verschaffen, indem ich meinen Ärger auslebe oder durch angenehme Gefühle beseitige. Ich kann mich körperlich durch Holzhacken, Teppichklopfen, Sport beruhigen, kann Entspannungsübungen oder autogenes Training einsetzen. Ich versuche, meinen Ärger nicht noch zu pflegen und hochzuschaukeln, sondern ihn zu verringern oder durch angenehme Gefühle zu ersetzen.

[Ergänzung MG: *Autogenes Training ist ein Entspannungsverfahren, das Autosuggestion und einige Elemente der Hypnosetherapie einsetzt, um den Patienten unterbewusst z. B. zur Relaxation der Muskeln oder zu ausgewählten Körperempfindungen zu verhelfen. Autosuggestion funktioniert über die Verwendung besonderer Gesprächstechniken, mit denen Patienten in eine ruhige Stimmung versetzt werden. Dabei wird ihnen in mehreren aufeinander aufbauenden Übungen u. a. erzählt, dass Gliedmaßen sich schwerer anfühlen würden, dass sich Wärme im Körper ausbreite oder dass der Herzschlag sich beruhige. Es handelt sich um ein häufig angewendetes Verfahren z. B. bei Kopfschmerzen, chronischen Schmerzen oder Schlafstörungen.*]

Bei Streitigkeiten und Auseinandersetzungen ist es allerdings besser, seinen Ärger direkt zu äußern. Es ist wichtig, dass ich mein Gegenüber nicht verletze, angreife oder herausfordere. Ich nehme nur zum jetzigen Anlass meines Ärgers Stellung und lasse frühere Reibereien aus dem Spiel: „Ich ärgere mich, dass du nicht pünktlich bist!" und nicht: „Nie kannst du pünktlich sein. Immer sind dir andere Dinge wichtiger!" Ich verhalte mich nicht aggressiv, gebe meinem Gegenüber die Möglichkeit, sich zu rechtfertigen, und fordere auch keine Gegenaggression heraus. Nur so können wir Schritt für Schritt die Aggressivität zwischen uns Menschen *aushungern.* An mir selbst kann ich üben, Wut verrauchen zu lassen, indem ich mich ablenke, an anderes denke, den Ort wechsle, das Zimmer verlasse. Ich nehme mir eine Tätigkeit vor, die all meine physische Kraft erfordert und komme so über den Anlass hinweg.

3.3   Absolute Kontrolle

Malte R. Güth

Die Vorstellung perfekter Beherrschung der Emotion erscheint wie aus einem Science Fiction Roman. Eine neu entwickelte Droge, ein psychologisches Training oder ein Mikrochip sorgen dafür, dass die Gefühlsregungen dem bewussten Willen geknechtet werden. Das Ergebnis ist je nach Autor Utopie oder Dystopie. Im einen Fall gelangen

Menschen zu einer neuen Form des Miteinanders, das keine Konflikte und keinen Hass kennt. Im anderen entstehen diktatorische Regierungsstrukturen, die bis in die intimsten Momente unseres Privatlebens eindringen. Die Gesellschaft wird zur überkontrollierten, grauen Ödnis.

Dabei ist die Vorstellung unserer Lebensrealität nicht so fremd. Natürlich gibt es keine solche Droge, die uns zur perfekten Kontrolle befähigt. Allerdings unterscheiden Menschen sich darin, wie effektiv sie in ihrer Selbstkontrolle sind. Dass Menschen sich in ihrer Intelligenz unterscheiden, würde niemand bezweifeln. Die Verbreitung der Idee eines Intelligenzquotienten ist dem Wunsch geschuldet, Menschen auf einer Skala einzuordnen und in Kernfähigkeiten des Verstandes zu unterscheiden. In dieser Form sind Menschen in ihren intellektuellen und emotionalen Kontrollfunktionen ebenfalls verschieden. Jedoch ist hier die Abgrenzung von Intellekt zu Persönlichkeit kompliziert.

Eine Person mag beherrscht und berechnend wirken, weil sie introvertiert oder gewissenhaft ist. Sie könnte sich vor einer wichtigen Entscheidung mehr Zeit nehmen, weil sie im Allgemeinen nachdenklich ist. Der Eindruck von starker Selbstbeherrschung könnte aber auch entstehen, weil eine Person über hervorragende Kontrollfähigkeiten verfügt (Hofmann et al. 2008). Sie könnte z. B. begabt darin sein, bei einer schweren Entscheidung zahlreiche Informationen vor dem geistigen Auge aufrechtzuerhalten. Wenn bei anderen der Arbeitsspeicher überlastet ist, weil eine Situation verlangt, zu viele Kontexte, Regeln, Ziele oder sonstige Informationen gegeneinander abzuwägen, könnten sie zur Handlung aus Intuition neigen. Wir alle nehmen diesen Ausweg, wenn wir überfordert sind. Eine

Entscheidung aus dem Bauch heraus ist die angemessene Antwort, wenn ein vernünftiges Abwägen nicht möglich ist. Hingegen: Eine besonders beherrschte Person könnte trotz aller Ansprüche, trotz Stress, trotz ablenkender Emotion oder anderer Belastungen in der Lage sein, die Ruhe zu bewahren. Durch die Nutzung einer besonderen Strategie, eine höhere Stresstoleranz und geringere Empfänglichkeit für emotionale Belastung könnte sie noch alle nötigen Informationen für eine gute Entscheidung balancieren (Hofmann et al. 2008).

Kaltherzigkeit funktionell nutzen

Bei einer solchen Beschreibung denken viele an Chirurgen, Börsenmakler oder Anwälte. Dabei handelt es sich um Berufsfelder, die oft mit Leistungsdruck und hohen Risiken einhergehen. Von dem richtigen Schnitt im OP, Spekulation am Aktienmarkt oder Plädoyer vor Gericht könnten Leben abhängen. Erfolg ist aber nur zu erreichen, indem Risiken eingegangen werden.

Chirurgische Eingriffe müssen riskiert und unter hohem Stress mit Präzision durchgeführt werden. Dem Druck, ein Menschenleben in Händen zu halten, könnten viele nicht standhalten. Je stärker mitfühlend der Chirurg bei der Arbeit ist, desto größer ist der Druck und desto stärker zittern die Hände. Stress und Emotionen können in diesem Fall den Erfolg behindern.

Bei der Abwicklung von Milliarden schweren Aktiengeschäften muss ein kühler Kopf bewahrt werden. Dabei ist das Mitgefühl für andere oft sogar schädlich. Bei Unternehmensübernahmen können Arbeitsplätze verloren gehen und bei Spekulationen auf Lebensmittel oder Pharmaka könnte das Leben für ärmere Bevölkerungsschichten unbezahlbar werden. Für den größtmöglichen Gewinn muss das Mitgefühl vorübergehend ausgeschaltet werden.

> Vor Gericht zählt für die Parteien nicht immer, wer im Recht ist, sondern wie der maximale Vorteil für die eigene Seite herauszuschlagen ist. Auch hier müssen Mitgefühl und Stress oft zurückgestellt werden. Mitleid und Furcht müssen vorübergehend ausgeschaltet werden. Der Gerichtsfall könnte sich um einen Umweltsünder drehen, dessen Verteidigung moralischer Flexibilität bedarf. Während der Zeugenbefragung und der Diskussion des Falls muss ständig das nagende Gewissen ertragen werden, das uns dafür straft, des Geldes wegen gegen unsere Überzeugungen zu argumentieren.

Wegen dieser speziellen Berufsanforderungen gibt es das Klischee, dass Chirurgen und gerade Anwälte gewissenlos seien. In diesem Klischee steckt ein Funken Wahrheit. Nicht jeder Mensch, der sich in diesen Berufsfeldern bewegt, handelt ohne Rücksicht auf Verluste. Angemessener wäre zu sagen, dass die Leute, die in diesen Berufen brillieren, gelernt haben, Emotionen wie auf Knopfdruck abzuschwächen. Emotionale Empathie ist die Fähigkeit, willentlich oder unwillentlich nachzuempfinden, was ein anderer Mensch im Augenblick fühlt. Für gewöhnlich ist sie dem gesellschaftlichen Dasein zuträglich, da sie uns Mitgefühl mit anderen ermöglicht und selbstloses Verhalten fördert. Im Operations- oder Gerichtssaal kann sie aber stören.

Unabhängig vom Beruf gibt es Menschen, die in der Lage sind, im Stile des Chirurgen, der sich selbst vorübergehend perfekt im Griff haben muss, zu regulieren

(Wai und Tiliopoulos 2012). Wenn eine Situation auftritt, die starke Emotionen auslöst, können sie nach Belieben einen Schritt zurücktreten und sich distanzieren. Das normalerweise schneller schlagende Herz, beruhigt sich wie von selbst. Der Puls bleibt stabil. Nicht bloß psychisch, sondern auch körperlich sind sie kontrolliert. In dem Moment, in dem sie sich geistig von der Emotion distanzieren, folgen die körperlichen Funktionen auf dem Fuße (Ortiz und Raine 2004).

Vor nicht allzu langer Zeit gaben sich viele Vertreter der Strafverfolgung der Illusion hin, über die Schweißreaktionen der Haut allein zuverlässig beurteilen zu können, wann ein Mensch lügt. Sobald ein Mensch lüge, müsse er in Aufregung geraten. Zur selben Zeit solle sein autonomes Nervensystem herauffahren, Cortisol, Adrenalin und andere Botenstoffe produzieren, um die Nebennierenrinde zu aktivieren. Diese sorge dann für die Schweißausschüttung. Kleine Elektroden an den Fingerspitzen würden genügen, um zu sehen, wann ein Mensch sich krümme, um die Wahrheit zu vermeiden. Diese Methode allein ist aber sehr ungenau. Es braucht weitere Messungen wie die Atmung und Muskelspannung, um zuverlässig beurteilen zu können, wann ein Mensch in Aufregung gerät oder lügt. In ähnlicher Form spekulierten vor kurzem manche Neurowissenschaftler, mithilfe der Magnet-Resonanz-Tomographie im Gehirn eines Menschen zu sehen, wann er lügt. Dank der bildgebenden Methode müsse sich prüfen lassen, ob im Gehirn des Menschen beim Lügen typische Hirnareale aktiv sind.

Selbstkontrolle macht beiden Vorgehensweisen einen Strich durch die Rechnung. Lügendetektoren, die sich auf die Schweißreaktion verlassen, können getäuscht werden. Wenn keine Aufregung entsteht, gibt es auch keinen Schweiß. Ein Lügner, der sich einredet, seine Lüge sei wahr oder enthalte zumindest einen Kern Wahrheit, bleibt ruhig, während er sein Garn spinnt. Alternativ könnte er an das Lügen gewöhnt sein. Aufregung während der Lüge läge ihm fern. Selbst wenn es um das Wohl anderer Menschen ginge, könnte er sich im Griff halten, indem er sich die Wichtigkeit seines eigenen Wohlergehens vor Augen hält. Unser Gehirn ist von diesen Strategien nicht ausgenommen (Harenski et al. 2009). Über die neuronalen Verschaltungen, die in unserem Gehirn an die Arbeit gehen, um lügen zu können, ist zu wenig bekannt.

Lügenkerne

Man nehme ein Areal im limbischen System unseres Gehirns wie die Mandelkerne oder *Amygdala.* Sie ist maßgeblich beteiligt, wenn wir lernen, etwas zu fürchten, und auch wenn wir im Augenblick Furcht empfinden (LeDoux 2003). Die Chancen stehen gut, dass ich bei zahlreichen Lügnern eine auffällige Aktivierung der Amygdala vorfinde. Das erlaubt weder die Schlussfolgerung, dass die Amygdala das Lügen ermöglicht noch dass sie überhaupt etwas mit dem Lügen zu tun hat. Sich während einer Befragung zu fürchten, ist nachvollziehbar. Vor allem beim Lügen erscheint es plausibel, dass die Furcht, erwischt zu werden, steigt.

> Eine besonders furchtsame Person, die – auch während sie die Wahrheit erzählt – bangt, sie könnte bestraft werden, würde wahrscheinlich eine Aktivierung der Amygdala zeigen. Daher könnte sie fälschlicherweise des Lügens bezichtigt werden. Umgekehrt könnte ein furchtloser Lügner mit seiner Lüge davonkommen.

Psychopathie ist in diesem Zusammenhang ein häufig gebrauchter Begriff. In Hollywood Thrillern spielen sie oft die Antagonisten.

Das vornehme Böse

Regisseure wie Alfred Hitchcock haben realen Psychopathen in Werken wie *Psycho* zur Unsterblichkeit verholfen. Sein Serienmörder basierte auf den Taten Ted Bundys. Dieser war ein Paradebeispiel für den gewaltbereiten Psychopathen. Bis heute ist nicht bestätigt, wie viele Menschen genau Bundy ermordete. Es ist auch nicht die Zahl, sondern die Person, die den Menschen im Gedächtnis blieb. Bei dem Wort Serienmörder erwartet man einen Schläger, einen Sonderling, einen Mann mit Narben, mit grimmigen Blick. Diese Vorannahmen über Gewaltverbrecher führen des Öfteren auf die falsche Fährte. Ted Bundy wurde berühmt für seinen oberflächlichen Charme, seine Redekunst und sein beherrschtes Auftreten. Die Ruhe, mit der er über seine Taten vor Gericht erzählte, löste bei manchem Mitleid, bei anderen kalte Schauer aus. Er war kontrolliert und überzeugend, obwohl er von seinen Gräueltaten berichtete. Schnell wird deutlich, wie einladend er wohl auf seine Opfer gewirkt haben muss, bevor er sie entführte. Seine Ausstrahlung war Kalkül. Mit dem Ziel vor Augen konnte er emotionale Belastung, Stress und Skrupel nach Belieben ausschalten.

Psychopathie bezeichnet eine Sammlung von Persönlichkeitszügen, die in der Persönlichkeitspsychologie und gerade der forensischen Psychiatrie (d. h. der Wissenschaft, die sich mit Straftätern mit psychopathologischen Auffälligkeiten beschäftigt) mit antisozialem sowie gewalttätigem Verhalten in Verbindung gebracht werden. Zu diesen Eigenschaften zählen allgemeine wie Stressresistenz, Furchtlosigkeit, Dominanzstreben und Zielorientierung oder ein Talent dafür, andere Menschen zu manipulieren. Weitere Eigenschaften, die enger mit Straftaten assoziiert sind, umfassen Impulsivität, Schuldexternalisierung (d. h. eine Neigung, die Schuld an den eigenen Taten auf äußere Faktoren oder Personen zu schieben), Egoismus, Reuelosigkeit und ein Fehlen von empathischem Einfühlungsvermögen.

Wie Bundy verstehen es viele Psychopathen, in die Köpfe anderer Menschen hineinzublicken und zu erkennen, was sie sagen müssen, um ihr Ziel zu erreichen. Das mag paradox erscheinen angesichts der Feststellung, dass psychopathische Menschen oft einen Mangel an Empathie aufweisen. Das Paradoxon wird dadurch gelöst, dass es einen Unterschied zwischen dem emotionalen Nachempfinden und dem kognitiven Perspektivwechsel gibt. Psychopathische Menschen, auch wenn sie die Gefühle anderer nicht nachempfinden, können sie intellektuell begreifen (Wai und Tiliopoulos 2012). So kalkulieren sie die beste Antwort. Bundy war Meister dieser Kunst und bedachte die Betonung jeder Silbe und die Wahl jedes Wortes bei seinen Interviews. Bundy brachte es so weit, den Psychologen und politischen Aktivisten, James Dobson, glauben zu machen, er würde Reue empfinden. Dobson war u. a. bekannt für seine Verdammung von

Pornografie und für seinen festen Glauben, Pornografie habe schädliche Einflüsse auf Jugendliche. Bundy spielte Dobson vor, seine scheußlichen Taten seien Produkt einer Porno-Abhängigkeit und beschrieb im Detail wie er, Bundy, durch Pornografie ruiniert wurde. Die meisten Biografen sind sich einig, dass diese Geschichten erfunden waren, um Dobson mit Informationen zu füttern, die er hören wollte. Bis zu seinem Tod genoss es Bundy, mit einem anderen Menschen zu spielen, indem er sich verstörende Lügengeschichten über seine Kindheit ausdachte. Diese waren maßgeschneiderte „Bestätigungen" für die politischen Ziele Dobsons.

Was Bundy so genoss, war Kontrolle – sowohl über sich als auch über andere. Die Fähigkeiten, die er darbot, waren absolute Kontrolle über seine eigenen Emotionen und eine ausgeprägte Kompetenz für Emotion. Dadurch, dass er wusste, wie der menschliche Verstand, insbesondere Emotion, funktioniert, konnte er die Menschen in seinem Umfeld ein Leben lang über seine wahren Motive im Dunkeln lassen. Instrumentell konnte er seine Talente und andere Menschen steuern, um seine Ziele zu erreichen. Mit dem Ziel im Blick, zu täuschen und seine Bedürfnisse zu befriedigen, konnte er Herr seiner Emotion bleiben.

Die Veranlagungen von Psychopathen wie Ted Bundy werden sehr schnell mit dem Typus Verbrecher assoziiert. Wie so oft bei psychischen Auffälligkeiten handelt es sich eher um die Extremausprägung normaler Eigenschaften. Die Persönlichkeitsakzentuierungen, die wir psychopathisch nennen, gibt es in abgestufter Form bei allen Menschen (Lilienfeld und Andrews 1996; Campanella et al. 2004).

Wir alle sind mehr oder weniger egoistisch, manipulativ, furchtlos oder zielorientiert. Letzteres ist meiner Ansicht nach der Kern des Phänomens. Eine ausgeprägte Zielorientierung lässt auch unter Stress, Furcht, Wut oder kaum zu bändigender Vorfreude zu, dass wir uns beherrschen. Zu Hilfe kommt die Begabung, Emotionen fast automatisch herunter zu regulieren, wenn sie nicht zielführend sind (Corr 2010).

Es ist nicht erwiesen, wie genau dies bei psychopathischen Menschen vonstatten geht. Vermutlich sind es unterschiedliche Mechanismen, und je nach Individuum ergreifen sie andere Strategien. Die zentralen sind wahrscheinlich die Distanzierung von einer Situation und ihre Neuinterpretation. Die persönliche Relevanz von Ereignissen wird bei der Distanzierung heruntergespielt. So verheerend oder weltbewegend sei das alles gar nicht. Mit uns habe das wenig zu tun. Niemand käme ernsthaft zu Schaden. Es lohne nicht, dass wir uns deshalb aufregen. Es gäbe Bedeutenderes, mit dem wir uns beschäftigen müssten. So in etwa könnte die psychopathische Distanzierung aussehen. In manchem Falle sind solche Gedanken fahrlässig. In anderen ist nicht abzustreiten, dass wir uns eine Scheibe abschneiden könnten. Es wäre befreiend, quälende Gedanken von Sorge, Schuld oder Scham, die nirgends hinführen und niemandem von Nutze sind, auf Wunsch abzuschalten. Wir könnten uns aussuchen, was uns egal ist.

Stellen wir uns vor: Wir sitzen in einer stillen Minute im Sessel. Ärger steigt in uns auf, weil wir einem guten Freund, einem Familienmitglied, Arbeitskollegen oder einem Menschen, dem wir näher kommen wollten, etwas gesagt haben, das wir bereuen. Wir haben uns peinlich oder widerlich verhalten. Schon kreisen die Gedanken nur noch um die wenigen Minuten, die uns ins Unglück stürzten. Selbstvorwürfe und Enttäuschung machen sich im Kopf breit. Auf einmal wirkt es symptomatisch. War das nicht typisch für uns? Das ist genau der Fehler, an dem wir schon seit Jahren arbeiten und den wir immer wieder begehen. Wir reden zu viel, wir sind zu arrogant, wir müssen immer über uns selbst sprechen, wir müssen andere niedermachen, um uns selbst besser zu fühlen. Dabei war's nur ein kurzer Augenblick – nur ein paar Worte! Haben sie tatsächlich eine solche Wirkung? Beeinflussen sie unser Leben weit über den Moment hinaus? Nur weil wir in diesem Moment nicht so charmant, intelligent oder witzig sein konnten, wie wir es gerne gewesen wären. Eine Stimme in uns sagt: „Nein, es ist passiert, jetzt geht es weiter. Genug gegrübelt!" Sie schaltet Sorgen und Ängste aus. Vielleicht hat diese Stimme bei psychopathischen Persönlichkeiten besonders viel Kontrolle.

Nicht bloß Psychopathen, auch andernfalls unauffällige Menschen können berechnend in ihrem Denken sein. Jeder hat schon einmal einen Menschen getroffen, dessen Begegnung ihn mit einem eigenartigen Gefühl zurückgelassen hat. Die Bekanntschaft war überzeugend und sympathisch, aber langsam dämmert uns, dass die Person versteckte Motive hatte. Es ging ihr die ganze Zeit um ein verstecktes Ziel. Was mit uns geschieht war sekundär. Zunächst klingen solche Verhaltensweisen abstoßend, aber seien wir ehrlich. Wir alle waren schon einmal so versessen auf ein Ziel, dass wir nicht anders konnten, als zu ignorieren, was um uns geschieht. Es waren

Momente fokussierten Denkens mit einem klaren End-
ergebnis in Aussicht. Womöglich waren wir dabei so im
Fluss unserer Gedanken, dass wir den gesamten Körper
in Einklang brachten. Es gab nur noch die Freude über
das Erreichen des Ziels. Mögliche Störereignisse wurden vorhergesehen und vermieden. Alle Konsequenzen
und Handlungsoptionen waren bedacht. Wir konnten
uns mit der Zielaussicht positiv stimmen und alle geistigen Energien mobilisieren. Man stelle sich vor, diese Pro-
aktivität und Selbstkontrolle steuern zu können. Mit ein
paar beruhigenden Gedanken den Herzschlag zu senken,
um einen Lügendetektor zu täuschen, erscheint auf einmal
plausibel.

Jeder Aspekt des Emotionserlebens ist beeinflussbar.
Da es sich um ein psychisches Phänomen handelt, können wir allein über unser Denken physiologische Prozesse verändern. Das mag im Hinblick auf Konsequenzen
für unser Rechtssystem und der Überführung von Straftätern erschreckend sein. Jedoch steckt eine positive Seite
in dieser Erkenntnis. Die Möglichkeiten, die sich durch
Emotionsregulation ergeben, sind weitreichend. Es soll
nicht gleich die absolute Kontrolle sein. Nur die Basis-
fertigkeit zu erlernen, könnte für unsere Zwecke reichen.

> Zu lernen, das Positive hervorzuheben und das Negative zu
> ertragen, ist erstrebenswert. Wir müssen uns dem Negati-
> ven nicht verschließen oder es unterdrücken. Wir können
> versuchen, es zu kontrollieren und uns konstruktiv damit
> auseinanderzusetzen.

Die Psychosomatik lehrt, dass diese Kontrolle gesundheitliche Vorteile hat. Den Herzschlag und so den Blutdruck, der durch Stress in die Höhe katapultiert wird, nach eigenem Willen beeinflussen zu können, verringert das Risiko kardiovaskulärer Erkrankungen (Parswani et al. 2013). Dafür muss Negatives nicht vermieden werden. Wichtiger ist, sich am Glück zu erfreuen und mit dem Unglück leben zu können. Achtsamkeitsbasierte Trainings werden hier in der Therapie verwendet.

Definition

In der Psychologie bezeichnet *Achtsamkeit* verstärkte Selbstwahrnehmung und gezielte Aufmerksamkeit auf innere psychische und körperliche Prozesse. Achtsamkeit kann sowohl eine stabile Eigenschaft oder eine Fähigkeit einer Person sein. So kann diese Person z. B. besonders stark dazu neigen, sich Zeit zur konzentrierten Selbsterfahrung zu nehmen, oder ausgesprochen begabt darin sein, sich von äußeren Geschehnisse zu distanzieren und die inneren besser wahrzunehmen. Daran werden die Nähe und Verwandtschaft der Achtsamkeit zur Meditation deutlich.

Viele Techniken zum Training der Achtsamkeit werden zu therapeutischen Zwecken bei psychiatrisch oder psychosomatisch Erkrankten eingesetzt. Dabei steht die Stressreduktion im Vordergrund. Durch die Vermittlung effektiverer Strategien zur Bewältigung von chronischem Stress unterstützt das Training die Heilung geistiger und körperlicher Beschwerden, wie z. B. hohen Blutdruck oder Anfälligkeit für verschiedene Herzerkrankungen.

Es mag selbstverständlich klingen, sich darüber im Klaren zu sein, was für Empfindungen in einem vorgehen. Allerdings geht es im Rahmen der Achtsamkeit v. a. um die Prozesse, die unter Lärm und Stress des Alltags verloren gehen und die wir achtlos beiseite schieben. Das führt zu mangelhaft reguliertem Stresserleben. Körperliche und psychische Reaktionen schaukeln sich auf, wir gehen weiter zum nächsten Tagesordnungspunkt und müssen die Anstrengungen des letzten Stressors einfach hinunterschlucken.

So können auf lange Sicht mehrere schädliche Stressreaktionsmuster entstehen (McEwen 1998). Bei einem stressreichen Job, der ununterbrochene Verfügbarkeit fordert, folgt ein Stressor dem nächsten, ohne dass wir genug Zeit haben zu pausieren und ohne dass sich der Körper an die Anstrengung gewöhnen kann. Weitere pathologische Muster zeigen, dass wir entweder die Stressreaktion unseres Körpers nicht mehr herunterregulieren können oder nicht mehr in der Lage sind, körperliche Aktivierung wahrzunehmen und ständig erschöpft sind.

Auf Körperreaktionen zu achten und sie wahrzunehmen unterstützt eine bessere Regulationsfähigkeit. Neben einer stabilen Resilienz gegenüber Stresseinwirkung helfen Strategien, wie z. B. Achtsamkeitstraining, Emotionen oder Stressreaktionen nicht zu ignorieren, sondern angemessen zu bewerten. Die gewonnene emotionale Stabilität ist, was das richtige Maß an Kontrolle verspricht.

Zwischen Kontrollverlust und -zwang

Aus Emotionen eine sinnvolle Entscheidung abzuleiten, wird zum anspruchsvollen Balanceakt. Wir wünschen uns, dass das Verhalten uns selbst repräsentiert, sodass wir uns für die Emotion und unseren Umgang damit nicht schämen müssen. Dafür bieten Emotionen sich als zuverlässige Heuristik an. Sie sind ein intuitiv interpretierbarer Indikator für die Wichtigkeit verschiedener Bedürfnisse, die wir befriedigen wollen. Dadurch, dass wir sie in der Vergangenheit mit Situationen, Menschen oder Ereignissen verknüpft haben, zeigen sie uns, welche Entscheidung für uns welchen Wert hat. Im Formen unseres Verhaltens zwingt unser Organismus uns dabei oft, zwischen natürlichen Gegenpolen von Annäherung und Vermeidung zu wählen. Zu starke Neigung zu einem von beiden führt zu ausuferndem Emotionsausdruck oder Isolation. Beides wird der Balance nicht gerecht. Jeden Impuls auszuleben oder zu unterdrücken ermöglicht keine angemessene Handlungssteuerung und führt zum Unglück. Es ist die schnelle, leichte Art, mit Emotionen umzugehen. Ohne zu reflektieren, ohne nachzudenken erscheint ihre Bedeutung simpel und wir müssen uns nicht mit Entscheidungsfindung belasten. Schwerer ist es, auszuwählen, welche emotionalen Regungen unsere Identität formen dürfen. Zu entscheiden, wann ein Impuls wirksam auf uns ist und wann nicht, das Abwägen von Annäherung und Vermeidung zu trainieren sowie die Einsicht in unsere Kontrollmöglichkeiten zu vertiefen, verhilft zum Erfolg.

Literatur

Busch, W. (1968). *Sämtliche Briefe. Bd. 1. Briefe 1841–1892*. Hannover: Wilhelm-Busch-Gesellschaft.

Campanella, S., Vanhoolandt, M. E., & Philippot, P. (2004). Emotional deficit in subjects with psychopathic tendencies as assessed by the Minnesota Multiphasic Personality

Inventory-2: An event-related potentials study. *Neuroscience Letters, 373*(1), 26–31.

Corr, P. J. (2010). The psychoticism–psychopathy continuum: A neuropsychological model of core deficits. *Personality and Individual Differences, 48*(6), 695–703.

Enzensberger, H. M. (2006). *Schreckens Männer: Versuch über den radikalen Verlierer*. Frankfurt a. M.: Suhrkamp.

Freud, S. (1992). *Das Ich und das Es* (1923). GW XIII.

Freud, S. (1920). *Jenseits des Lustprinzips*. Leipzig: Internationaler Psychoanalytischer Verlag.

Glucksmann, A. (2005). *Hass – Die Rückkehr einer elementaren Gewalt*. Zürich: Verlag Nagel & Kimche AG.

Gray, J. A. (1987). *The neuropsychology of anxiety*. Oxford: Oxford University Press.

Gray, J. A., & McNaughton, N. (2000). *The neuropsychology of anxiety: An enquiry into the functions of the septo-hippocampal system* (2. Aufl.). Oxford: Oxford University Press.

Harenski, C. L., Kim, S. H., & Hamann, S. (2009). Neuroticismand psychopathy predict brain activation during moraland nonmoral emotion regulation. *Cognitive, Affective, &Behavioral Neuroscience, 9*(1), 1–15.

Hofmann, W., Gschwendner, T., Friese, M., Wiers, R. W., & Schmitt, M. (2008). Working memory capacity and self-regulatory behavior: Toward an individual differences perspective on behavior determination by automatic versus controlled processes. *Journal of Personality and Social Psychology, 95*(4), 962.

LeDoux, J. (2003). *The emotional brain, fear, and the amygdala. Cellular and molecular neurobiology, 23*(4–5), 727–738.

Lilienfeld, S. O., & Andrews, B. P. (1996). Development and preliminary validation of a self-report measure of psychopathic personality traits in noncriminal population. *Journal of Personality Assessment, 66*(3), 488–524.

McEwen, B. S. (1998). Protective and damaging effects of stress mediators. *New England Journal of Medicine, 338*(3), 171–179.

Ortiz, J., & Raine, A. (2004). Heart rate level and antisocial behavior in children and adolescents: A meta-analysis. *Journal of the American Academy of Child and Adolescent Psychiatry, 43*(2), 154–162.

Parswani, M. J., Sharma, M. P., & Iyengar, S. S. (2013). Mindfulness-based stress reduction program in coronary heart disease: A randomized control trial. *International Journal of Yoga, 6*(2), 111.

Schmidbauer, W. (2003). *Der Mensch als Bombe: Eine Psychologie des neuen Terrorismus*. Reinbek: Rowohlt.

Seneca, L. A., & Fink, G. (Hrsg.). (2008). *Schriften zur Ethik: Die kleinen Dialoge*. Berlin: Verlag Walter de Gruyter.

Wai, M., & Tiliopoulos, N. (2012). The affective and cognitive empathic nature of the dark triad of personality. *Personality and Individual Differences, 52*(7), 794–799.

4

Kontrolle erlangen und aufgeben

Zusammenfassung Der Wunsch der Kontrolle über die Emotion ist eine Hybris. Zu viel Kontrolle – und wir ersticken die Emotion. Wir werden kalt oder verfälschen, was sie uns mitteilt. Zu wenig Kontrolle und die Emotion machen uns zum Sklaven unserer Impulse. Dieses Kapitel zeigt deshalb verschiedene Strategien der Emotionsregulation auf. Dazu erfährt der Leser, welche Vor- und Nachteile sie mit sich bringen. Nachdem konkrete Strategien dargelegt sind, stellt sich die Frage, ob es ein optimales Maß an Kontrolle gibt. Wenn ja, wie sähe es aus? Kontrolle zu meistern, ist eine Lebenskunst. Sie bewirkt, dass wir die Vergangenheit in ein neues Licht rücken sowie Gegenwart und Zukunft formen können. Es bedarf der angemessenen Strategie, der unbedingten Wertschätzung und der Offenheit für alle Empfindungen.

© Springer-Verlag GmbH Deutschland, ein Teil von Springer Nature 2019
U. Beer und M. R. Güth, *Fühlen macht Sinn,*
https://doi.org/10.1007/978-3-662-57864-3_4

4.1   Achtsamkeit befreit

Ulrich Beer

Hass, das weiß jeder, ist hässlich, unschön, anstrengend und eigentlich unmenschlich. Dennoch wird er in eine eigentümliche und für manche automatische Beziehung zur Liebe gebracht. Einige versteigen sich zu der These: Wer nicht richtig hassen kann, kann auch nicht richtig lieben. Und das Wort Hassliebe versucht sogar, beide zu verneinen. Es gibt diesen Zusammenhang, dass man etwas intensiv ablehnt, von dem man sich besonders angezogen fühlt: Jugendliche zum Beispiel in der Pubertät ihre Eltern oder ein Partner den anderen, den er zwar liebt, von dem er sich aber ausgenutzt oder in eine falsche Richtung geführt fühlt. Hass und Liebe gehören oft genug auf eine merkwürdige Weise zusammen. Beide können leidenschaftlich und engagiert sein. Beide können sich auf einen bestimmten Gegenstand richten und ihn mit großer Anhänglichkeit verfolgen. Beide können zum Aufgeben der eigenen Person und zu völligem Selbstverlust führen.

Dies hat die Dichter zu allen Zeiten beflügelt, Liebe und Hass eng beieinander anzusiedeln. Hass – so hat mal einer von ihnen gesagt – ist nicht das Gegenteil von Liebe, sondern nur ihre Kehrseite, ihr Schatten. Enttäuschte Liebe geht oft in Hass über, und je größer und leidenschaftlicher die Liebe war, desto eher in Hass und so gut wie nie in Gleichgültigkeit oder Zurückhaltung. Dabei ist Hass negativ und zerstörerisch, feindselig für den, auf den er sich richtet, aber auch für den, der ihn empfindet.

Im Rahmen der Berliner Funkausstellung fand vor einigen Jahren eine interessante Diskussion über das lästige Erbe der nationalsozialistischen Vergangenheit statt, und bei allen Meinungsunterschieden waren sich zum Schluss auch die schärfsten Gegner darin einig: Die eigentliche Gefahr für die Zukunft sind nicht Waffenarsenale oder die Wohlstandsunterschiede, sondern es ist der Hass, es sind die Vorurteile und der Aufbau neuer Sündenböcke in Form unerwünschter Minderheiten, die man meint, hassen zu dürfen.

Hass als Minus und vergebens
Wird vom Leben abgeschrieben.
Positiv im Buch des Lebens
Steht verzeichnet nur das Lieben.
Ob ein Minus oder Plus
Uns verblieben, zeigt der Schluss (Busch 1959).

Das konstatiert Wilhelm Busch mit der für ihn so kennzeichnenden Prägnanz. Hass ist das Negativste, was es in zwischenmenschlichen Beziehungen geben kann. Auch im harmonischsten Zusammenleben gibt es irgendwann Situationen, in denen Ärger, Streit und wechselseitiger Groll entstehen. Das ist nicht weiter schlimm, wenn man weiß, wie man damit umgeht. Wer den Groll nur in sich hineinfrisst, nimmt auf die Dauer seelischen und eventuell sogar körperlichen Schaden. Manche Ärzte führen Krebserkrankungen auf nicht geäußerten Kummer und Ärger zurück. Zumindest Magengeschwüre haben oft diese Ursache. Aber auch wer ihn aggressiv und destruktiv äußert, trägt wenig zur Bereinigung der Atmosphäre und zur Lösung der Probleme bei. Da ist es schon besser, dass ein Streit offen ausgetragen und auch einmal heftig ausgekämpft wird.

Es ist viel darüber philosophiert und geforscht worden, welches der Ursprung menschlicher Aggression sei. Die einen behaupten, Aggressionen seien die Folge von Frustrationen, also Bedürfnisvereitelungen und nicht erfüllten Wünschen. Danach sollte der Mensch an sich ein aggressionsfreies Wesen sein, das nur durch von außen aufgezwungene Entbehrungen aggressiv werden könne.

Die andere These sieht ihn als Raubtier in der Ahnenfolge der Evolution. Aggression ist hiernach notwendige Voraussetzung für den Kampf ums Dasein, um Selbstdurchsetzung und Überleben. Dem Menschen soll, so Konrad Lorenz, Aggression angeboren sein und deswegen auch nicht überwindbar, allenfalls ablenkbar und einigermaßen zu besänftigen und zu zähmen.

Wahrscheinlich ist die Wirklichkeit aber noch dramatischer. Die Aggression des Menschen übertrifft die seiner tierischen Ahnen bei Weitem. Er entwickelt sie nicht nur zur biologischen Selbst- und Arterhaltung, sondern weit darüber hinaus gleichsam als Luxustrieb bis hin zur Massen- und Selbstzerstörung, ja zur totalen Vernichtung.

Der Mensch tötet aus Lust und im Rausch, er quält und verfolgt, unterdrückt und rottet aus, auch ohne dass es vernünftiger Gründe bedarf. Er hat nicht nur aggressive Antworten und Antriebe, sondern Aggressionslust, ja Aggressionsrausch, er verherrlicht den Krieg – so Heraklit – als den Vater aller Dinge, produziert und konsumiert Kriegsfilme und Kriegsliteratur, macht das Krieg führen zum Beruf und stattet es mit hohen Ehren aus – je höher die Zahl der Abschüsse, desto bedeutender die Orden. Alles kann für ihn zur Waffe werden, und die Waffentechnik ist die am weitesten entwickelte, ist der Motor aller Technik und damit tatsächlich des Fortschritts, ebenso wie die Quelle tiefsten und massenhaften Schmerzes und Leidens. Aggression ist beliebt als die schnellste und leichteste Lösung von Konflikten; dass in ihr die schlimmste und schmerzlichste liegt, wird meistens erst nachher bewusst. Dann beginnt man über die viel anstrengenderen Alternativen und Konfliktlösungen wie Kompromiss, Toleranz und Frieden nachzudenken.

Diese halten erfahrungsgemäß eine historische Weile vor, bis die Erinnerung verblasst und beim nächsten Konflikt erneut die psychischen Sicherungen durchbrennen und der alte Hass entflammt, der zu immer neuen Kriegen führt. Das scheint so zu sein in Zweierbeziehungen wie zwischen den Völkern; es scheint ohne Rücksicht auf die Höhe der Kultur und den Entwicklungsstand der bevorzugten Mittel zu gelten, – ein zwingender Hinweis darauf, dass nicht Waffen es sind, sondern der Mensch selbst es ist, um den sich alles Böse dreht und von dem aus seine Überwindung auch in Angriff genommen werden muss. Selbst die Überwindung der Aggression kommt anscheinend ohne aggressive Vokabeln wie *Angriff* nicht aus.

Hat sich mit dem Fortschritt der Technik der Mensch geändert? Franz Grillparzer hat einmal die düstere Prognose ausgesprochen, der Weg der Menschheit führe.

von der Humanität über die Nationalität zur Bestialität (Grillparzer et al. 1960).

In der Tat, wenn die menschheitsumfassenden Ideen der Brüderlichkeit und Schwesterlichkeit aller Menschen, der Gleichheit aller vor Gott und dem Gesetz, von der einen Erde und dem gemeinsamen Schicksal, gesprengt werden durch neue Nationalismen, Regionalismen und Ethnozentrismen, die im Grunde pseudo-religiösen Charakter annehmen, so ist die höchste Alarmstufe angesagt.

Wie Hass eskaliert und schließlich auf die Urheber zurückfällt, lässt sich an dem jetzt unter dem Namen *Karikaturenstreit* klassisch gewordenen Konflikt verdeutlichen. Eine dänische Zeitung veröffentlichte eine ganze Seite mit Islam-Karikaturen, gehässigen Mohammed-Abbildungen in zugestandenermaßen provokativer Absicht, und die arabische Welt reagierte mit schließlich nicht mehr zu kontrollierenden Ausschreitungen, die die Welt einen historischen Augenblick lang an den Rand eines neuen Weltkrieges schlittern ließ. Die wirklich Gefährdeten und Geschädigten sind aber – neben vielen Unschuldigen – die Pressefreiheit und das unbefangene Freiheitsgefühl des Westens.

Am Grunde dieser Auseinandersetzung schwelt deutlich erkennbar ein Kampf der Kulturen, die im Grunde gar keine wirklichen Kulturen mehr sind. Denn die Gewalt entspricht nicht dem tiefsten Wesen des Islams, die von ihm verachtete und bekämpfte moralische Laxheit und Hemmungslosigkeit des Westens entspricht nicht dem Wesen und Selbstverständnis der Freiheit des Christentums. Beide Positionen dieses Kampfes, der Kreuzzugscharakter annehmen könnte, stehen auf den tönernen Füßen veräußerlichter, entwurzelter ideologischer Fundamente, was Fundamentalismus nicht ausschließt, sondern erst ermöglicht. Der wirklich Gläubige beider Seiten ist zu Respekt angehalten und auch bereit, wozu gerade ein ehrlicher und fester Glaube den Halt und die Befähigung gibt.

Gerade die in ihrem Glauben Gegründeten sollten sich zusammentun und von ihren Scharfmachern und den Scharfgemachten distanzieren. Sie sollten versuchen, sie zu besänftigen und – wo das nicht möglich ist – argumentativ zu bekämpfen und zu widerlegen. Und auf beiden Seiten ist der am meisten versprechende Ausweg die Rückkehr zu den Quellen, den Ursprüngen und Urtexten ihres Glaubens. Aber gilt nicht auch für den Koran, was der jüdische Religionswissenschaftler Pinchas Lapide über die Bibel sagt: „Man kann sie auf zwei Arten lesen. Entweder man nimmt sie wörtlich, oder man nimmt sie ernst.". Es geht um den Geist und nicht um den Buchstaben. Und ist der nicht auf beiden Seiten ein Geist des Friedens?

Ist der Mensch zivilisierter, humaner oder auch nur einsichtiger geworden? Sind die Chancen heute größer, die menschlichen Aggressionsenergien zu binden und die Zukunft friedlicher zu gestalten? Wenn wir allen Ängsten zum Trotz diese Fragen vorsichtig mit Ja zu beantworten wagen, so liegt das Verdienst hieran weder in der überzeugenden Humanität des Menschen am Beginn des 21. Jahrhunderts noch in der geistigen und sittlichen Entwicklung führender Staatsmänner. Diese wie ein zarter Keim gewachsene, schonungsbedürftige Hoffnung gründet sich vielmehr auf ihr genaues Gegenteil, nämlich die nackte Angst.

Nur die Furcht vor der Selbstzerstörung der Menschheit, vor dem globalen Atomkrieg, vor der schließlich nicht mehr zu bändigenden, alles verschlingenden Feuermacht aus der frei gewordenen Energie der winzigen Atome ist es zu danken, dass die Menschheit nach dem Schock von Tschernobyl innehielt und erstmals ernsthaft mit der atomaren Abrüstung begann. Und auch hier waren es nicht die Musterdemokraten des Westens, die volltönenden Protagonisten von Freiheit, Frieden, Fortschritt und Demokratie, sondern der damals mächtigste Mann im sogenannten *Reich des Bösen,* der sowjetische Generalsekretär Gorbatschow, der der Friedenssehnsucht der Menschen in aller Welt seine Stimme gab.

Dieser Prozess wird nicht umkehrbar sein, und hierin liegt eine große Hoffnung für die gegenwärtige Welt. Andererseits hat sich im Zuge dieser Entwicklung nicht auch schon der Mensch in sein Gegenteil verkehrt. Der technische Riese ist ein ethischer Zwerg geblieben.

Das 21. Jahrhundert sollte ein Jahrhundert des Friedens und der Völkerverständigung werden. Der Kalte Krieg war vorüber, Bündnisse wurden immer weltumspannender, die Weltwirtschaft globaler, die Weltreligionen toleranter, so schien es jedenfalls. Doch seit dem 11. September 2001 sieht alles anders aus. Wie durch einen gigantischen Vulkanausbruch ist die dünne Schicht friedlicher Zivilisationen gesprengt, mag diese Schicht, wie im World-Trade-Center, auch aus Stahl, Glas und Beton bestanden haben.

Wir stehen wieder am Anfang, schauen in die barbarische Fratze des Hasses, der Intoleranz, der Brutalität und damit in den Spiegel der Menschheit. Unser Welt- und unser Menschenbild sind infrage gestellt, erschüttert. Wir sind ratlos. Mögen die Weltkriege, zumindest die von Europa ausgehenden, der Vergangenheit angehören, neue Formen der Bedrohung und Vernichtung bahnen sich an und können an jedem Teil der Welt, gerade der hoch technisierten, ausbrechen. Terrorattentate, Religions- und Bürgerkriege, Verteilungskämpfe, Genozide bedrohen die Welt.

[Ergänzung MG: *Sie finden ihren Weg aus dem Nahen Osten bis ins Herz Europas. Sei es Al Quaida oder der IS, sie müssen nicht einmal mehr ihre eigenen Leute schicken, um Attentate zu verüben. Durch Online-Medien haben sie gelernt, wie sie aus der Ferne die Frustrierten und Wütenden aus Europa und den USA radikalisieren können. Der Terror wird vor die eigene Tür getragen. Eine immer höher entwickelte Waffentechnik und eine immer weniger kontrollierbare Streuung der Waffen in aller Welt bis in die Kinderhände in den ärmsten Ländern zeigen, wie groß und gefährlich die sichtbaren Bedrohungen geworden sind.*

Politisch keimen die rechtsradikalen Ideologien in Europa und über seine Grenzen hinweg. In den vereinigten Staaten erfreut sich die Alt Right, eine alternative rechte Bewegung, großen Zulaufs. Unter anderem bilden sich ihre Anhänger aus weißen Extremisten, die öffentlich die Überlegenheit der weißen Rasse verkünden und Jubel dafür empfangen. Anstatt sie zu verurteilen, ernannte Präsident Trump eine der Galionsfiguren der Bewegung, Steve Bannon, zu seinem wichtigsten strategischen Berater. Und warum hätte er es nicht tun sollen? Die Alt Right hat ihm zum Amt verholfen. Im Gegenzug fühlen sie sich bestärkt und sogar durch ihren Präsidenten legitimiert. Ausgerechnet in Deutschland gibt es auch wieder eine rechte Alternative, die sich als Volkspartei feiern lässt. Dieses Mal braucht Frankreich einen Aufstieg rechter Ideologien in Deutschland nicht zu fürchten. Seine eigenen Rechtspopulisten greifen nach der Macht. Wahrscheinlich werden sie sich blendend mit den deutschen und amerikanischen verstehen.]

Darüber geraten die unsichtbaren Wurzeln aller ausufernden Aggression und Brutalität aus dem Blickfeld: die psychischen Einstellungen von Menschen und Menschengruppen, die sie gegeneinander hegen, die sie am gegenseitigen Verständnis hindern, die Blockaden zwischen ihnen aufbauen, die Hass und Feindseligkeit erzeugen, nämlich die verbreiteten, tief wurzelnden Vorurteile. Von ihnen, ihrer Entstehung, Verbreitung, ihrer Bedeutung, aber auch, wo nötig und möglich, von ihrer Überwindung soll im Folgenden die Rede sein.

Was ist der tiefere Wurzelgrund, auf dem kriegerische und terroristische Gewalt gedeiht? Sicher ist: Die Wurzeln greifen tiefer als ökonomische Interessen- oder ideologische Glaubensdifferenzen, tiefer als der Streit um historische Grenzziehungen auf veralteten Landkarten, aber auch tiefer als ethnische Unterschiede. Sind diese wirklich real? Sind es nicht gerade in dem Völkergemisch von Balkan, Kaukasus oder Vorderem Orient solche Unterscheidungen, die man als folkloristische Vielfalt froh akzeptiert hatte, die nun aggressiv zugespitzt und mit einer erschreckenden Bösartigkeit verschärft und gegeneinander ausgespielt werden? Der Nationalismus – nicht ein natürliches, selbstverständliches Nationalgefühl – ist ein Verzweiflungsprodukt, ein Lückenfüller für ein geistiges und religiöses Vakuum.

In der Welt des Scheinens und Meinens sind denn auch die Wurzeln von Hass und Aggression, Abwertung und Diskriminierung zu suchen. Wir nennen diese kollektiven Einstellungen Vorurteile. Wir alle haben sie. Das Vorurteil entspringt dem Grundbedürfnis des Menschen nach sicherer Orientierung. Heißen die Maßstäbe der Orientierung im rationalen Bereich richtig und falsch und sind kontrollierbar und verifizierbar, so fühlt man sich irrational sicher oder unsicher, ängstlich oder zuversichtlich. Anerkennung und Argwohn sind nicht so leicht durchschaubar und überprüfbar. Ihr hoher Gefühlsanteil und ihre starke Interessenbedingtheit geben ihnen eine enorme Bedeutung für die persönliche und soziale Existenz. Der Mensch ist in gewisser Weise davon abhängig, mit einer Gruppe zu leben, der er sich zugehörig fühlt. Dieses Gefühl steigert er oft durch die Abgrenzung von Gruppen, die er mit misstrauischen oder gar feindseligen Gefühlen betrachtet.

Was Gemeinsamkeiten mit uns aufweist, gleiche Eigenschaften, ähnliches Aussehen, gemeinsame Interessen, belegen wir mit positiven Vorurteilen. Diese erstrecken sich auch auf Bereiche, die über die bekannten Gemeinsamkeiten hinausgehen. Die Sozialpsychologie nennt dies den *Heiligenschein-* oder *Halo-Effekt* (Nisbett und Wilson 1977). Wenn ein Mensch oder eine Menschengruppe erst einmal unsere Sympathie erworben hat, erscheinen alle Merkmale derselben in hellerem Licht. Antipathie bewirkt das Gegenteil. Um unsere Feindseligkeit, ja Hass und Verfolgung auszulösen, genügt es, dass der andere anders ist. Oder richtiger: andersartig, denn das einfache Anderssein empfinden wir oft als eine reizvolle

Variante im bunten Blumengarten Gottes. Nur muss sich dieses Anderssein in Grenzen halten, die durch unsere Eigenart und unsere Interessen bestimmt sind.

[Ergänzung MG: *In den Forschungsarbeiten von Dollard, Miller, Doob, Mowrer und Sears in den 1930ern beschäftigte sich die Forschergruppe mit der Entstehung aggressiven Verhaltens und dem Verhalten radikaler Gruppen (Dollard et al. 1939). Sie waren an dem Phänomen der Schaffung von Sündenböcken und Feindgruppen interessiert. Auf den Heiligenschein-Effekt stießen sie, als sie ihre Versuchspersonen mit einem verbündeten Mitarbeiter (ein sog. Konföderierter) interagieren ließen, der einen starken Akzent hatte. Sie teilten die Versuchspersonen in zwei Gruppen ein. Der ersten gegenüber verhielt sich der Konföderierte freundlich, während er gegenüber der zweiten kalt und abweisend war. Im Nachhinein erfragten die Forscher, wie die Versuchspersonen das Verhalten und den Akzent des Konföderierten bewerteten. Es fand sich ein deutlicher Unterschied zwischen den Gruppen. Wenn die Versuchspersonen das allgemeine Verhalten des Konföderierten positiv oder negativ erlebt hatten, bewerteten sie den Akzent dementsprechend. Die spezifische Beurteilung einer Eigenschaft oder eines Verhaltens wurde zur globalen Beurteilung der Person. So ließe sich potenziell erklären, wie einzelne Verhaltensweisen einer Person zu einer allgemeinen Bewertung der Person oder Gruppe führen. Wenn z. B. Anhänger rechtsradikaler Gruppen persönlich negative Erfahrung mit einer Minderheitengruppe machen oder indirekt durch Nachrichtenberichte mitbekommen, kann diese Erfahrung zu einer globalen negativen Bewertung der Gruppe werden.*]

Ein Vorurteil besteht meistens nicht ganz ohne Grund, aber es ist auch selten gerecht. Es erfüllt das Bedürfnis nach einem Fremden, von dem man sich vorteilhaft abheben und auf den man eigene Schuldgefühle projizieren kann. Insofern wird das Objekt zum *Sündenbock*. Im dritten Buch Mose finden wir den Ursprung dieser Bezeichnung: Am Tage des Versöhnungsfestes wurde ein lebender Bock durch das Los bestimmt, und der Hohe Priester, in leinene Gewänder gehüllt, legte seine beiden Hände auf das Haupt des Bockes und beichtete über dem Bock die Missetaten der Kinder Israels. Nachdem die Sünden der Bevölkerung auf diese Weise symbolisch auf das Tier übertragen worden waren, wurde es in die Wildnis hinausgeführt und seinem Schicksal überlassen. Das Volk fühlte sich gereinigt und frei von Schuld.

Das Schicksal der Juden ist das furchtbarste Beispiel für die Auswirkung von Vorurteilen in der Geschichte. Es geht zurück bis auf den Untergang des jüdischen Staatswesens um 586 v. Chr. Seitdem leben die Juden über viele Länder der Erde verstreut. Die verlorene staatliche Einheit machten sie wett durch ein ausgeprägtes Gruppenbewusstsein und einen inneren Zusammenhalt, der den Gastvölkern verdächtig gewesen ist und die Juden zu Außenseitern werden ließ. So wurden schon im Konzil von Nicaea im Jahre 325 n. Chr. Ehen zwischen Christen und Juden verboten. Um 1400 mussten die Juden in Gettos übersiedeln, und gegen 1600 entstand die Legende vom Ewigen Juden, der zur Strafe für seine an Jesus begangene Schuld verurteilt ist, ewig unstet und flüchtig zu leben.

Antisemitismus gibt es in allen Kulturstaaten, aber in Deutschland wurde die Verfolgung auf die Spitze getrieben. So durften in manchen Ländern des Reiches Juden weder Grund und Boden haben noch in die Zünfte aufgenommen werden noch Beamte oder Soldaten sein. Naturgemäß konzentrierten sie sich auf die freien Berufe und brachten es als Ärzte, Anwälte und Händler zu entsprechenden Erfolgen. Daraufhin wandelte sich das Vorurteil, und in den Juden sah man ein *schmieriges Krämervolk* ohne bodenständige und vaterländische Gesinnung.

Treffen Vorurteile nicht verfolgte Minderheiten, sind sie meistens noch erträglich, wie die zwischen Fußgängern und Autofahrern, Norddeutschen und Süddeutschen. Solange etwa Männer und Frauen zahlenmäßig und in ihren Rechten einigermaßen ausgeglichen sind, können ihnen die gegenseitigen Vorurteile nichts anhaben. Dann mögen Männer die Frauen für dümmer und beeinflussbar, Frauen die Männer für rechthaberisch und unsensibel halten. Erst wenn ungleiche Verhältnisse herrschen – Besetzung der Schlüsselstellungen durch Männer etwa –, wirkt sich dies wirklich diskriminierend aus.

Ähnlich ist es mit konfessionellen Vorurteilen. So gelten Katholiken oft als doktrinär und heuchlerisch, Protestanten als oberflächlich und materialistisch. Erst ungerechte Verhältnisse wie in Nordirland bewirken die Steigerung schlummernder Vorurteile bis zu Diskriminierung und gegenseitiger Vernichtung.

Auf Zeiten des Friedens, der Liebe und des Wohlergehens folgt – wie bei dem sprichwörtlichen Esel, der sich aufs Eis begibt, wenn es ihm zu gut geht – beim Menschen der Reiz zu gegensätzlichem Verhalten. Aus dem Überdruss der Verwöhnung und des Wohlstands erwächst der Ekel und daraus schließlich die Bereitschaft zu Aggression und Hass. Heute könnte es in unseren Breiten fast allen Menschen gut gehen. Stattdessen spielen sie mit dem

Feuer. Statt sich zu bescheiden, Ja zum Leben, zum Mitmenschen und zu sich selbst zu sagen, folgen Unzählige dem inneren Zwang zum Hass, zum Zweifel, zum Zynismus und zur Zerstörung von Dingen und Menschen. Alles, was ich anderen antue, tue ich zuletzt mir selbst an. Hass und Gewalt fallen genauso zurück auf mich wie Liebe und Güte.

Hass kann man nicht durch Hass bekämpfen, sondern nur steigern. Mit Recht sagt die Bibel: „Überwindet das Böse mit Gutem" – womit soll man es sonst überwinden? „Liebet eure Feinde; segnet, die euch fluchen; tut wohl denen, die euch hassen", ist das einzige, paradoxe Rezept für die Überwindung des Hasses, den man nie mit Hass auslöschen und wirklich bekämpfen kann. Das einzige, was zu hassen sich lohnt, ist der Hass selbst, ist das Böse, der Böse – aber niemals der bösartige und hassende Mensch, der mit seinem Hass eingesteht, wie dringend er Liebe braucht. Denn oft ist Hass, ist Aggression nichts anderes als die anstrengende Liebeswerbung mit falschen Mitteln.

Immer mehr Menschen fallen aus der Geborgenheit der Liebe zeitweise oder ganz heraus. Und in den Zeiten der Lieblosigkeit und Trennung ersehnen sie, dass es auch für sie so etwas wie Liebe und Lebensinhalt geben möge. Was haben Menschen heute nicht alles zu verkraften an Abschied und Trennung. Darüber heißt es hinwegzukommen, die bittere Vergangenheit zu verarbeiten und immer wieder neu zu beginnen. Ein Streit, der nur schwelt, aber kein richtiges Ende hat, kann jederzeit wieder aufbrechen und befriedigt nicht wirklich unser Bedürfnis nach Friede und Harmonie. Erst, wenn ein deutlicher

Schlussstrich gezogen, ein rettendes Wort gefunden, eine Entschuldigung ausgesprochen und Versöhnung herbeigeführt ist, kann der Friede einkehren. Erst dann ist alles, was war, begraben und wirklich vorbei, und der Neuanfang ist echt und trägt. Nichts Vergangenes soll die Gegenwart mehr belasten und überschatten, gerade aus dem Schmerz, den man dem andern und sich selbst zugefügt hat, wächst die Sehnsucht nach Frieden. Wenn beide in gleicher Weise gelitten haben – umso besser. Dann werden sie auch beide mit herzlicher Erleichterung die Chance zur Versöhnung aufgreifen und sich – eventuell unter Tränen – die Hände reichen und um den Hals fallen.

„Nun ist alles gut" – „Was gewesen ist, soll auch nie wiederkommen", sind die herrschenden Gefühle, und das ist gut so. Alles Böse ist aus dem Herzen und aus dem Sinn. Nur gute, warme, liebe Gedanken haben Platz und richten sich auf den andern. Es ist wie zu Anfang einer Liebesbeziehung: Alles ist neu, voll Leichtigkeit, Freude und Glanz. Vor dem Hintergrund der Kürze des Lebens wird deutlich, wie belanglos Kleinigkeiten, aber auch Kleinlichkeiten sind – Streit, der nach einem Jahr vergessen ist und nur noch lächerlich wirkt. Aber auch kleinliches Bemühen um Dinge, die es nicht lohnt, wie Ehrgeiz und Konkurrenzstreben, Kampf um Prestige und Erfolg. Über das alles sagt der weise Salomon: Es ist alles eitel und Haschen nach Wind. Soweit die Zeit und die eigene Lebenslage es zulassen, sollten wir nur noch Dinge tun, bei denen wir mit uns selbst in Einklang sein und zu denen wir Ja sagen können, die für andere oder uns selbst etwas bedeuten, was über den Tag hinausreicht. Es sei denn, der Tag habe seine Erfüllung in sich und das Tun einen Sinn. Es muss nicht alles einen Zweck haben.

Sinn kann auch in einer Sache selbst liegen, in der Freude mit der man sie tut, in der Erfüllung des Nichtstuns. Aber dies wird erst im Laufe vieler Jahre begriffen – oder ein Kind vollzieht es, ohne nachzudenken in der entrückten, glücklichen Verklärtheit seines Spiels, in der es Zeit und Welt vergisst. Diese Zeitvergessenheit ist vielleicht die höchste Höhe jener Heiterkeit, die es im Leben zu finden gilt und die zeitlos und traumverloren uns ruhen lässt, gleichsam im Auge des Taifuns, umspült vom Weltenstrom und doch ihm auf eine Weise entnommen, die über die Zeit hinausgreift an dem Punkt, an dem sich Zeit und Ewigkeit berühren. Mag – wie Heraklit behauptet – der Krieg, der Streit, der Vater aller Dinge sein – die Versöhnung ist die Mutter allen Friedens und aller Liebe.

Der jahrelang indirekt ausgeübte Zwang, sich in jeder Lage zu beherrschen, Selbstkontrolle zu praktizieren und sich nicht durch Gefühlsduselei eine Blöße zu geben, hat die Menschen mehr oder weniger zu Automaten werden lassen, zu desillusionierten Technokraten, die jede Regung eines Gefühls, das sich in ihnen breitmachen will, als etwas Verwerfliches niederdrücken. Gefühl gilt als Schwäche, als unbrauchbar im Zeitalter des technisch Machbaren.

Wenn der Mensch aber nicht seelisch verkümmern will, braucht er Stimulation durch Gefühlserlebnisse. Was können wir tun, um die hart gewordene Schale um uns herum aufzuweichen, um uns zu öffnen und bereit zu machen für Zorn und Freude, Angst und Trauer? Fangen Sie an, Gefühle, wenn sie in Ihnen aufsteigen, zu dulden, ihre Schwingungen wahrzunehmen. Wenn Sie eine Gehaltserhöhung bekommen, dann tun Sie das nicht ab wie ein jährlich regelhaft wiederkehrendes Ereignis, sondern kosten

Sie die Freude aus über das Geld und über die Bestätigung Ihrer Leistungsfähigkeit und Bereitschaft dazu. Wenn der Chef ein Lob übrig hat, freuen Sie sich darüber, und nehmen Sie es zum Anlass, am Abend mit Ihrem Partner oder mit Bekannten darauf anzustoßen. Ärgert er Sie, dann lassen Sie auch den Ärger in sich wirken.

Ich kenne Leute, die sich als ein naher Verwandter gestorben war, fünf Tage Urlaub nahmen – nur um zu trauern, um das Gefühl der Trauer um einen lieben Menschen ungestört und umso intensiver wirken zu lassen und auskosten zu können. Die Musik ist ein wunderbares Medium, um Gefühle auszulösen. Ein Adagio von Ludwig van Beethoven kann sie in einem Maße hervorzaubern, dass man von der Kraft der Gefühle fast überwältigt wird. Wer Gefühl bei sich nicht duldet, es nicht ausklingen lässt, kann auch nicht Gefühle in anderen wecken. Es ist fraglos von entscheidender Bedeutung für das Wohlbefinden eines Menschen, ob er gefühlsstark ist oder gefühlskalt, und nicht wenige leiden sogar unter ihrer Gefühlsarmut, können aber nicht dagegen angehen.

Versuchen Sie es dennoch! Lernen Sie als erstes, Ihre Sinnesorgane zu aktivieren, also zu sehen, und zwar die Dinge, an denen Sie sonst achtlos vorübergehen. Beachten Sie die Blumen am Straßenrand, den Baum, die Menschen, die vorübergehen. Lernen Sie zu hören: die Stille der Nacht, die Vögel, den Bach, den Wind. Lernen Sie zu schmecken: ein gutes Essen, das Erdhafte in einem Glas Wein, die Süße eines Stücks trockenen Brotes. Die Aktivierung der Sinnesorgane bewirkt auch eine Aktivierung der Gefühlsskala.

Darüber spricht man nicht!

In der Sprechstunde eines Arztes, der auch psychosomatische Leiden behandelte, wurde ein Patient gefragt,
welche Gefühle er gegenüber seinen Eltern gehabt habe.
Er gab zur Antwort: „Darüber wurde nicht gesprochen."
Arzt: „Worüber wurde nicht gesprochen?" Patient: „Darüber, was Sie eben sagten." Der junge Mann war noch nicht
einmal in der Lage, das Wort „Gefühl" auszusprechen.
Während der weiteren Behandlung stellte sich heraus, dass
die Eltern dem Kind nicht erlaubt hatten, Gefühle zu zeigen, weder Zorn noch Trauer, weder Angst noch Freude. In
der psychosomatischen Medizin spricht man von der Alexithymie und meint damit Kranke, die einen starken Mangel
an Fantasie haben, bei denen ein konkretistisch-techni-
sches Denken dominiert und die eine deutliche Unfähigkeit
haben, Gefühle auszudrücken oder gar zu erleben.

[Ergänzung MG: *Alexithymie (auch: Gefühlsblindheit)
bezeichnet die mangelnde Fähigkeit, Gefühle wahrzunehmen und auszudrücken. Je nach Stärke der Ausprägung,
haben Betroffene Schwierigkeiten, zu beschreiben, was sie
empfinden, zeigen im Allgemeinen einen flachen Affekt,
haben eine nüchterne, pragmatische Art, an emotionale
Situationen heranzutreten oder vermeiden es, sich mit
Gefühlen zu beschäftigen. Ursprünglich wurde die Alexithymie in der Psychosomatik als mitverantwortlicher Auslöser
von Beschwerden gesehen, die nicht hinreichend durch
organische Befunde erklärt werden können. Eine mangelnde Konfrontation der Gefühle manifestiere sich beispielsweise in kardiovaskulären (Bluthochdruck, Herzrasen)
oder gastrointestinalen (Magenbeschwerden) Symptomen.
Der Begriff wird heute in unterschiedlichen Fachgebieten
der Medizin und Psychologie verwendet, da Alexithymie bei
diversen psychischen Erkrankungen oder neuronalen Schä-
digungen auftreten kann.*]

Über den Menschen und seine Gefühle schrieb einmal die Neue Züricher Zeitung:

> Das Wirkgefüge der menschlichen Gefühle bedarf, um die leib-seelische Erlebniswelt des Menschen sinnlich und sinnvoll zu erschließen, der unbewussten, selbstverständlichen und selbstsicheren Abläufe. Sind sie gestört, müht sich der Kopf vergebens, sie wiederherzustellen. Diagnostiziert man unter diesen Vorzeichen nun die Leiden der Gesellschaft, so wird man unschwer feststellen, dass sie vorherrschend resultieren aus der ungeheuren Frustration der menschlichen Gefühlswelt – aus einer Frustration, die längst schon pathologische Formen angenommen hat und die kein Psychiater mehr heilen kann.

So weit ist es also mit uns gekommen. Wir sind auf Leistung getrimmt, auf Härte, Abwehr, Durchhalten – Gefühle sind da der Lächerlichkeit preisgegeben. „Ein richtiger Junge", so wird ja schon dem Dreikäsehoch beigebracht, „weint nicht." So wird schon in den Kindern der Resonanzboden zerstört, der Gefühle und Empfindungen zum Klingen bringen soll. Das Prinzip hat uns reich gemacht an irdischen Gütern, aber wir sind verarmt an innerer Erlebniskraft.

Amerikanische Forscher haben ein Gerät entwickelt, mit dessen Hilfe sich Gefühlsregungen messen lassen. Die Probanden drücken, wenn sie Hass, Kummer, Liebe, Freude oder anderes empfinden, eine Taste, die mit einem elektronischen Registriergerät verbunden ist, das eine Gefühlskurve zeichnet. Die ermittelten Werte zeigten, dass es unter den Testpersonen charakteristische Grundmuster der unterschiedlichen Gemütsregungen gibt. Bei einem anderen und weniger aufwendigen Test mit zwei Gruppen zu je vierzig Personen erhielt die eine Gruppe morgens überraschend ein kleines Präsent überreicht, die andere nicht. Die Frage war, wie sich die Freude über das Geschenk auswirkte, Zu diesem Zweck täuschten Psychologen mit einem Telefonanruf einen Notstand vor und notierten die Reaktionen der soeben beschenkten und der nicht beschenkten Personen.

Der Anrufer sagte etwa: „Ach, du liebe Zeit, nun habe ich mich doch tatsächlich verwählt, stehe in einer Telefonzelle und habe kein Kleingeld mehr für einen weiteren Anruf. Dabei ist er so wichtig. Würden Sie so freundlich sein, die richtige Telefonnummer im Telefonbuch zu suchen und etwas in meinem Namen ausrichten." Es geschah Folgendes: Achtzig Prozent der Beschenkten waren fünf Minuten, nachdem sie sich über das Präsent gefreut hatten, bereit, auch anderen einen Gefallen zu tun. In der Gruppe der Unbeschenkten waren nur zwölf Prozent bereit, die Telefonnummer zu suchen, anzurufen und etwas auszurichten.

Gefühl ist nicht, wie manche einem weismachen möchten, ein Überbleibsel aus vergangenen Epochen. Ohne Gefühl leben wir am Leben vorbei. Dulden Sie Gefühle, die in Ihnen aufsteigen. Kosten Sie die Freude aus, die Ihnen bereitet wurde. Auch Ärger oder Trauer lassen Sie in sich wirken. Leben Sie Ihre Gefühle aus, und lassen Sie sie in sich ausklingen.

Lernen Sie, Ihre Sinnesorgane zu aktivieren, also zu sehen, zu hören, zu schmecken. Die Aktivierung der Sinnesorgane bewirkt auch eine Aktivierung der

Gefühlsskala. Sprechen Sie über Ihre Gefühle, nur so können Sie Gefühle auch erleben. Ohne Gefühle leben Sie am Leben vorbei. Seien Sie gleichwohl nicht Sklave Ihrer Gefühle, sondern verwirklichen Sie die Einheit von Gefühl, Verstand, Wille und Handeln. Erst das Gleichgewicht aller Funktionen garantiert unser Wohlbefinden.

4.2 Frei oder gehemmt

Malte R. Güth

Der Wunsch, die eigenen Gefühle zu beherrschen, basiert auf dem Glauben, Emotionen würden im Vergleich zu kalter Logik zu schlechten Entscheidungen führen. Diese Vorstellung wird an die weitergetragen, die noch nicht angemessen über Emotionen nachdenken können – Kinder. Da die Eltern die wichtigsten Bezugspersonen darstellen, schauen sich Kinder grundlegende Verhaltensweisen von ihren Eltern ab. Das Elternhaus ist somit maßgeblich daran beteiligt, welchen Umgang wir einmal als Erwachsene mit unseren Gefühlen pflegen.

Angenommen ein Elternpaar pflegt einen freizügigen Umgang mit Emotionen und reflektiert offen über sie. Die Chancen stehen gut, dass Kinder daraufhin diese Art des Umgangs mit Emotionen über viele Jahre übernehmen. Wenn mich etwas beunruhigt, bringe ich das zum Ausdruck, indem ich meine Sorgen verbalisiere. Wenn mich etwas traurig macht, bitte ich um Verständnis und suche Trost. Wenn mich etwas zornig macht, verschaffe ich mir Luft und schreie den Zorn heraus. Das ist je nach

Situation mehr oder weniger angemessen. Alles heraus-
zuschreien, was uns belastet oder an anderen nicht passt,
kann zu schweren zwischenmenschlichen Problemen führen. Dafür werden Aufwallungen nicht unterdrückt, und
wir fressen sie nicht in uns hinein.

Wenn allerdings von klein auf vorgelebt und vorgeschrieben wird, dass Emotionen vor niemandem offen
gezeigt werden sollten, übernehmen wir diesen Stil.
Gefühle seien etwas Persönliches und eine Belastung für
andere Menschen. Sie zu teilen, sei unverantwortlich. Für
andere zu wissen, wie wir fühlen, sei eine Zumutung, da
das eine Form der Intimität sei. Intimität bereite Fremden, aber auch Bekannten potenziell Unbehagen. Der
Emotionsausdruck bedeute, sich anderen gegenüber zu
öffnen und sie einzuladen, an unserem Innern teilzuhaben.
Zuletzt sei die Emotion der Tod des sachlichen Diskurses.
In diesem Sinne vertrete die Emotion einen Impuls, den es
zu beherrschen gelte.

Dieser Grundgedanke, wenngleich er nicht gänzlich falsch ist, ist gefährlich. Ja, Emotionen passen nicht
immer zum sachlichen Gespräch, z. B. wenn wir mitten in der Diskussion frustriert werden und anfangen zu
schreien. Das macht das Gefühl aber nicht falsch. Dass
Gefühle offen und ungehemmt auszudrücken nicht immer
hilfreich ist, lädt zum Fehlschluss ein. Viele schließen
bedauerlicherweise, ein Gefühl verfälsche die Situation,
wirke gegen die eigenen Interessen und stelle nicht dar,
was wir uns wünschen. Ziele seien rein bewusst zugänglich. Alle Wünsche könne man zu jeder Zeit bewusst for-
mulieren. Doch Vieles in unserem psychischen Erleben ist
nicht intellektuell zugänglich. Oft ist es nicht unbedingt

logisch und schwer zu verbalisieren: ein vages Gefühl. Es gibt eine diffuse Richtung, ein Behagen oder Unbehagen, einen Impuls zur Annäherung oder zur Vermeidung.

Noch schwerwiegender ist, dass die Aufforderung, Emotionen müssten unterdrückt werden, toxische Verhaltensweisen fördert. Zu glauben, die eigenen Gefühle hätten oft oder gar immer keine Legitimität, führt zu Verleugnung der Emotion. Sich nicht zu gestatten, beschämt, ärgerlich, traurig oder hoffnungsvoll zu sein, bedeutet, einen Teil des Menschseins von sich zu stoßen, einen der uns ohne Worte mitteilt, wer wir sind. Das ist ein sicherer Weg ins Unglück.

Ein intuitives Gefühl ist eine Form, in der sich unsere Vorlieben, unsere Persönlichkeit und unsere Wünsche zu zeigen. Lohnt es, jedem einzelnen nachzugehen? Nein, denn oft hilft es, einen Schritt zurückzutreten und kühlen Kopfes zu reflektieren. Das mindert aber nicht die Wahrheit und die Berechtigung des Gefühls.

Es heißt in Propagandaparolen militaristischer Gesellschaften oft: „Wir, als Nation, kennen keine Angst!" Mut wird zur inhärenten Tugend eines Volkes erklärt. Damit ist aber nicht gemeint, dass die Angst bewältigt werden sollte, sondern dass sie überhaupt nicht empfunden werden dürfe. Angst sei eine Schwäche. Ein überlegenes Volk sei nicht in der Lage, sie zu fühlen. Was als Auftrag, Stärke zu zeigen, gedacht ist, stellt sich als Mangel heraus. Wer Angst empfinde, sei ein Feigling. Dabei ist die Vermeidung der Angst die eigentlich feige Handlung. Wie jede Emotion soll Angst uns auf Bedürfnisse und wichtige Entwicklungen in unserer Umgebung hinweisen. Sich mit ihr zu beschäftigen, erfordert Anstrengung. Sie zu vermeiden, ist feige. Stärke bestünde darin, die Angst zu ertragen, statt sie zu verleugnen. Beispielsweise könnte eine starke Nation die Angst vor Terroristen ertragen, um seine Menschlichkeit zu wahren. Aus Angst wird zur Folter von gefangenen Terrorverdächtigen aufgerufen. Das Gefängnis des Guantanamo Bay Stützpunktes ist immer noch in Betrieb. Womöglich Unschuldige werden neben Schuldigen unter unmenschlichen Bedingungen außerhalb der Vereinigten Staaten festgehalten, weil zu viele Abgeordnete der Regierung Angst vor der Terrorgefahr haben. Mutig und stark wäre es, die Angst vor dem Terror zu ertragen, und den Gefangenen einen fairen Prozess auf dem Festland zu gewähren.

> Sich der Angst zu stellen, sie zu ertragen und zu reflektieren, inwieweit sie uns beeinflusst, ist die einzig mutige Handlung.

In dem Moment, in dem uns die Angst oder ein anderes mächtiges Gefühl überkommt, steht uns eine Reihe von Möglichkeiten zur Verfügung, wie wir damit umgehen. Die wichtigste Sammlung bietet James Gross, ein Psychologe, dessen Name als Synonym der Emotionsregulation behandelt wird. Gross definierte Emotionsregulation als alle Strategien, die wir bewusst oder unbewusst anwenden, um Einfluss auf unsere Emotionen auszuüben. Er präsentierte in seinem Prozessmodell der Emotionsregulation eine Auswahl von sogenannten *antezedenzfokussierten* und *reaktionsfokussierten* Strategien (Gross 1998). Erstere bezeichnen die Manipulation der Emotion bei ihrer Entstehung. Letztere funktionieren rückwirkend. Sie zielen darauf ab, Emotionen zu verändern, indem wir unsere Reaktion wie den mimischen Ausdruck anpassen.

Alltägliche Emotionsarbeit

Einem Kellner, der von seinem Vorgesetzten angewiesen ist, den ganzen Tag zu lächeln, ist oft nicht erlaubt, ehrlich seine Emotionen auszudrücken. Ein unhöflicher Gast, der den Kellner kritisiert, sich über das Essen beschwert oder verlangt, den Küchenchef zu sprechen, ist eine Last für den Kellner. Am liebsten würde der Kellner den Gast hinauswerfen, anschreien oder zumindest seinen Frust zum Ausdruck bringen. Vielleicht will der Kellner bloß zeigen, dass der Gast ihm Unbehagen bereitet. Er wäre erleichtert, könnte er sagen, wie verärgert und frustriert er ist. Doch es ist nicht gestattet. Daher wahrt der Kellner den Anschein. Er lässt sich nichts anmerken und versucht, so viel zu lächeln wie er kann. Am Ende des Tages fällt die Maske. Am Wochenende macht er sich im Fitnessstudio Luft.

Eine Stewardess versucht ihr Bestes, den Flug für alle Passagiere so angenehm wie möglich zu gestalten. Das ist nicht immer möglich. Manchmal hat sie Passagiere, denen nichts recht zu machen ist. Sie beschweren sich über die Luft im Flugzeug, die mangelnde Beinfreiheit, die Sitznachbarn, die lange Flugzeit, die Verzögerung auf der Landebahn, die enttäuschenden Mahlzeiten. Auf alle diese Dinge hat die Stewardess wenig oder keinen Einfluss. Sie muss sich die Beschwerden trotzdem anhören. Oft möchte sie aufgrund der ungerechten Behandlung laut schreien. Manchmal kann sie nicht anders und ihr rutscht eine schnippische Bemerkung heraus. Sie entschuldigt sich, fühlt sich danach aber etwas besser. Wenn sie sich ärgert, sollte sie das äußern dürfen, solange sie höflich bleibt. Das kann sie, weil sie Mitgefühl für die Leute hat. Sie sagt sich selbst wiederholt, dass sie den Flug in den engen Sitzen und im stickigen Raum auch nicht genießen kann. Einige der

Beschwerden haben demzufolge Berechtigung. Sie selbst hat die schlechten Flugbedingungen der Airline bei ihrem Vorgesetzten gemeldet. Manchmal wurde ihre Kritik sogar berücksichtigt. Sie tröstet sich mit dem Gedanken, dass sie die Reise etwas verbessert hat und ihre Handlungen Wirkung zeigen. Außerdem kann sie nie sicher sein, wo ein Passagier herkommt, was er zuvor zuhause oder am Flughafen erlebt hat und welche Reisestrapazen noch vor ihm liegen. Bestimmt ist die Kritik nicht an sie gerichtet. Irgendwie muss der Passagier seinen Stress bewältigen. Es ist schade, dass es auf diese Weise sein muss.

Eine Krankenschwester genießt es sehr, dass ihr Kollegium im häufig betrüblichen Arbeitsumfeld zusammenhält. Sie muss Überstunden arbeiten, wird für ihre Mühe mäßig bezahlt und darf sich selten Urlaub nehmen. Schuld daran ist der neue Chef. Er zeigt wenig Verständnis. Dafür zeigt er offen, dass er seine Favoriten im Team hat. Es scheint fast so, als würde er wollen, dass die Bevorzugung mancher Mitarbeiter bemerkt wird. In der Krankenschwester wächst der Verdacht, dass der neue Chef die Mitarbeiter gegeneinander ausspielen will. Wenn er sich die Krankenschwester schnappt, ist nicht vorherzusehen, wann sein Vortrag ein Ende findet. Inhaltlich kommt nicht mehr dabei herum als versteckte Boshaftigkeiten gegen abwesende Mitarbeiter des Teams. Die Krankenschwester erträgt es. Um mit der Situation umzugehen, entfernt sie sich im Geiste aus der Situation. Sie denkt an ihren Lebenspartner, der versprochen hat, heute Abend ihr Lieblingsgericht zu kochen, an den neuen Patienten, der sie zum Lachen bringt, an ihren Kater, der sich schnurrend an ihre Wange schmiegt, wenn sie müde auf der Couch liegt. Es sind Kleinigkeiten, aber sie helfen ihr das Machtspiel zu ertragen, bis der allgemein unbeliebte Chef abgelöst wird.

Um einem unheimlichen Nachbarn aus dem Weg zu gehen, nimmt eine junge Studentin jeden Morgen einen Umweg zur Universität. Seit ein paar Monaten lebt sie mit ihrem Freund in der neuen Wohnung. Kurz darauf hat der Nachbar begonnen, sie morgens vor dem Haus abzufangen. Er machte einen netten Eindruck. Unangenehm wurde es, als die Studentin bemerkte, dass er ihr auflauert. Sowohl beim Weg zum Hörsaal als auch auf dem Heimweg ist er da. Den Freund vermeidet er soweit möglich. Nur wenn die Studentin allein ist, taucht er auf und wird zunehmend aufdringlicher. Er stellt intime Fragen nach ihrer Beziehung, ihrem Geschmack für Männer und was sie von ihm insbesondere halte. Ihr wird das zu viel. Deshalb verlässt sie das Haus durch die Hintertür und umgeht den direkten Weg zum Hörsaal weiträumig. So kommt sie zehn Minuten später zur Vorlesung, aber sie fühlt sich ein wenig sicherer. Doch zuhause muss sie immer noch über den Stalker nachdenken. Nachts kann sie kaum schlafen, weil sie Angst hat, er könne ihr wieder unerwartet auflauern. Fortan geht sie nicht mehr alleine aus dem Haus. Sie benutzt zwar wieder den Hauptausgang, jetzt ist aber immer ihr Freund oder ein anderer Nachbar dabei, der den Sonderling schon aus früheren Auseinandersetzungen kennt. Wenn sie abends feiern gehen möchte, sind immer mindestens drei ihrer Freunde dabei, um sie nach Hause zu bringen. Manchmal sieht sie den unheimlichen Nachbarn noch. Jedoch traut er sich nicht mehr, mit ihr zu sprechen, wenn sie in Gesellschaft ist. Nun fasst die Studentin den Mut, den Nachbarn auf sein Verhalten anzusprechen. Sie ist ruhig, aber bestimmt in der Äußerung ihrer Gefühle. Er versichert, er habe nicht beabsichtigt, sie zu ängstigen und hege keine düsteren Absichten. Die Studentin bleibt misstrauisch. Sie nimmt sich vor, die Polizei einzuschalten, sollte sich das Verhalten des Nachbarn nicht ändern, und sie will zukünftig Beweise wie Mitschnitte ihrer Unterhaltungen sammeln.

Diese Beispiele zeigen unterschiedliche Strategien zur Regulation der Emotion wie sie in Gross' Modell zu finden sind. Im ersten demonstriert der Kellner mimische Suppression. Durch die Unterdrückung des emotionalen

Gesichtsausdrucks soll nicht nur die Emotion reduziert, sondern auch verhindert werden, dass Gefühle für
die Außenwelt sichtbar sind. Die Forderung, Emotionen für sich zu behalten, ist unglücklicherweise häufig in
unterschiedlichen, modernen Berufsfeldern. Sich nichts
anmerken zu lassen, ist eine einfache Strategie, die intuitiv
viele anwenden. Allerdings gibt es einen Geschlechtsunter-
schied. Männer neigen stärker zum Unterdrücken der
Emotion als Frauen (Abler und Kessler 2009).

Im zweiten Beispiel kommt eine anspruchsvollere
Strategie zum Einsatz. Gross nennt sie kognitive Neubewertung. Anstatt die Emotion zu unterdrücken, analysieren wir die Ursprünge und das Wesen der Emotion.
Die Stewardess lässt die Belastung und den Frust zu. Sie
erkennt den Ärger. Sie kann nachfühlen, dass er berechtigt
ist und versucht, eine neue Perspektive einzunehmen.
Durch Empathie für die Passagiere, die zwar ihre Arbeit
erschweren, ist es der Stewardess möglich, Kraft zu sammeln und eine souveräne Haltung zu gewinnen. Die negativen Emotionen aufgrund der Beschwerden nehmen ab,
und sie kann weiterarbeiten. Sie reguliert eine Emotion
hinunter und eine andere durch Empathie herauf.

Vergleichbar ist das Beispiel der Krankenschwester,
die aus der Situation vollständig heraustritt. Wie die Stewardess erkennt sie negative Gefühle an. Daraufhin kon-
zentriert sie ihre Aufmerksamkeit auf positive Aspekte
ihres Lebens. Hier ist von Aufmerksamkeitslenkung
oder Dissoziation zu sprechen. Bei dieser Strategie wird
Emotion reguliert, indem wir uns von dem Emotions-
auslöser abwenden. Stattdessen wenden wir uns einem
angenehmen Gedanken oder einem anderen Objekt zu,

das unsere Aufmerksamkeit fesselt. Die Vorstellung positiver Ereignisse ist dabei besonders effektiv, da eine neue Emotion erzeugt wird.

Zuletzt entscheidet sich die Studentin für eine Veränderung der Situation. Sie fürchtet sich vor ihrem Stalker und entscheidet sich zunächst, ihm aus dem Weg zu gehen. Um ihre Emotionen zu kontrollieren, lässt sie es gar nicht erst zu, dass die emotionsauslösende Situation eintritt. Als das allein nicht hilft, nimmt sie noch eine Veränderung vor. Sie organisiert Unterstützung aus ihrem sozialen Umfeld. Nun ist sie nicht mehr allein, wenn sie dem Nachbarn begegnet. Somit hat sie die emotionsauslösende Situation modifiziert. Sobald die Angst abnimmt, findet sie den Mut, sich dem Nachbarn zu stellen. Dass die Angst nicht verschwunden ist, nur reduziert, trägt zum friedlichen Ausgang der Situation bei. Die Angst ist nun erträglicher, hält die Studentin aber auf der Hut. Sie lässt die Emotion nicht mit sich durchgehen und bleibt höflich. Einen möglichen Stalker zu schockieren oder zu erzürnen, kann gefährlich sein. Es ist besser vernünftig zu bleiben. Im Beispiel führt Emotionsregulation und die Wahrnehmung mehrerer emotionaler Impulse zur bestmöglichen Entscheidung.

Anhand der Beispiele ist erkennbar, worin der Unterschied zwischen *antezedenzfokussierten* und *reaktionsfokussierten* Emotionsregulation nach Gross besteht. Bei reaktionsfokussierter Emotionsregulation wie z. B. der Suppression oder Unterdrückung des Gefühls ändert sich die Emotion nicht direkt. Eine Emotion kann oder soll durch ein verändertes Verhalten angepasst und rückwirkend verändert werden. Der Kellner z. B., verärgert über den kritischen Gast, zeigt als Antwort ein Lächeln. Mithilfe der Mimik soll der Ärger gemindert werden. Suppression ist nicht bloß auf Mimik beschränkt. Sie kann sich auf anderes durch Emotionen ausgelöstes Verhalten, physiologische Prozesse und das subjektive Erleben beziehen. Was in jedem Fall gleich ist, ist die Unterdrückung der Komponente emotionalen Erlebens. Dagegen setzt antezedenzfokussierte Emotionsregulation vor oder während dem Entstehen der Emotion ein. Die Studentin sucht und modifiziert Situationen, die Krankenschwester lenkt ihre Aufmerksamkeit um und die Stewardess bewertet die Situation neu.

Jede Strategie kommt mit Vor- und Nachteilen (Gross 2013a, b). Die Unterdrückung der Emotion des Kellners ist praktisch für die Ausführung seiner Arbeit. Er hat nicht die Zeit, sich lange über einen unangenehmen Kritiker unter vielen Gästen aufzuregen. Es gibt zu viel, das ihn in Atem hält. Leider ist die Unterdrückung dauerhaft eine beträchtliche Belastung. Emotionen werden auf diese Weise nicht bewältigt, nur verschoben. All der Stress, der Ärger, die Gefühle der mangelnden Anerkennung und Ungerechtigkeit kommen zu einem späteren Zeitpunkt zurück an die Oberfläche. Dann verlangen sie Aufmerksamkeit. Bis dahin wirkt sich die Unterdrückung negativ auf Leib und Seele aus. Zahlreiche psychosomatische Leiden wie Bluthochdruck, Schlaflosigkeit, Tinnitus, und Migräne können durch emotional verursachten Stress verschlimmert werden (Mauss et al. 2007; McRae et al. 2012; Troy et al. 2010).

Die Stewardess muss kognitive Ressourcen aufwenden, um die Neubewertung der Situation vorzunehmen. Diese

Kapazität braucht sie für ihre Arbeit ebenso wie der Kellner. Dass sie ihren Ausdruck nicht immer im Griff hat, könnte je nach Passagier zu Schwierigkeiten führen. Der Passagier könnte sich bei ihrem Vorgesetzten beschweren und ihr weiteren Kummer machen. Doch die Stewardess ist mit ihrem Umgang langfristig auf der sicheren Seite. Sie erkennt ihre Emotionen an und bewältigt sie.

Mit der Strategie der Krankenschwester verhält es sich ähnlich wie mit der der Stewardess. Sie muss sich bemühen, ihre Strategie anzuwenden und entfernt sich gedanklich aus der Situation mit ihrem Chef. Sie ist zuversichtlich, ihre Arbeit ausführen zu können, ohne jede Schimpftirade genau anzuhören. Das könnte sich irgendwann als fatal erweisen, wenn der Chef bemerkt, dass er nicht ihre ungeteilte Aufmerksamkeit hat. Dafür kann sich die Krankenschwester auf mehr Angenehmes konzentrieren, erlebt mehr positive Emotionen und macht sich dadurch widerstandsfähig gegen Stress. Sie hat immer die positiven Gedanken, an denen sie festhalten kann, ohne die negativen Ereignisse um sich zu unterdrücken. Sie bewahrt sich so bei allem Übel ihren Silberstreifen im Leben.

Die Studentin wird in ihrer Bewegungsfreiheit eingeschränkt. Das Aufschieben der Konfrontation ist auf Dauer keine Lösung. Sich immer mit Freunden zu umgeben, ist aufwendig und engt ebenfalls in der Tagesgestaltung ein. Doch kann sie eine besonders intensive Emotion, wie ihre Angst um ihr körperliches und psychisches Wohlbefinden, effektiv angehen. Das hält sie durch, bis die Angst genug reduziert ist, um eine dauerhafte Lösung zu finden.

In vielen empirischen Arbeiten wird davon ausgegangen, dass kognitive Neubewertung vor allen anderen Strategien die adaptivste ist (Mauss et al. 2007; Troy
et al. 2010). Damit ist gemeint, dass sie am engsten mit
niedriger depressiver Symptomatik, verringertem Stresserleben und allgemeinem Wohlbefinden zusammenhängt.
Es wird sogar argumentiert, dass die Fertigkeit in der kognitiven Neubewertung mit anderen kognitiven Kontrollfunktionen verknüpft sei, wofür es unterstützende Belege
aus dem menschlichen Gehirn gibt (McRae et al. 2012;
Buhle et al. 2014). Wer begabt darin sei, Emotionen
durch gedankliche Umdeutung zu manipulieren, weise
wahrscheinlich einen besseren geistigen Arbeitsspeicher
auf. Er sei flexibel darin, in anspruchsvollen Lebenslagen mit mehreren komplexen Informationen auf einmal
umzugehen. Wer emotional einen kühlen Kopf bewahre,
könne allgemein seine Gedanken in Ordnung halten –
trotz erschwerter Bedingungen – und sich beherrschen.
Kognitive Neubewertung ist wie eine episodische Meditation über ein Gefühl. Die Ursprünge und gefühlten
Folgen werden in den Fokus gerückt. Wir ergründen
u. a., was emotionale Ereignisse in uns ausgelöst haben,
was das über unsere gegenwärtige Lage sowie Bedürfnisse aussagt, und ob es auch andere Interpretationen für
das Gefühl geben könnte. Unterdrückung des Emotionsausdrucks wird dagegen oft gegenteilig eingestuft. Sie
führe langfristig sowohl zu mehr Leid als sie reduziere.
Zunächst ergibt das Sinn. Was wir unterdrücken und aufschieben, könnte mit vielfacher Wucht zu uns zurück-
finden. Doch keine der Strategien zur Emotionsregulation
ist bedingungslos vorzuziehen.

Wie angebracht eine bestimmte Strategie ist, hängt von den Anforderungen ab, die eine emotionsauslösende Situation an uns stellt. Eine weitere Variable, die in den Beispielen keine Berücksichtigung findet und über die Effektivität der Strategie entscheidet, ist die Persönlichkeit (Troy et al. 2013). Menschen unterscheiden sich in ihren Neigungen bestimmte Strategien anzuwenden (McRae et al. 2012; Abler und Kessler 2009). Wir denken nicht unbedingt bewusst darüber nach, aber im Laufe des Lebens entwickeln die meisten eine bevorzugte Art, mit Emotionen umzugehen. Vornehmlich kognitive Neubewertung einzusetzen, kann demzufolge mit der Lerngeschichte einer Person zusammenhängen. Ein introvertierter, grüblerischer Mensch könnte eine ausgeprägte Fähigkeit zur Neubewertung aufbauen. Ein neurotischer Mensch hingegen könnte stärker dazu neigen, Emotionen zu unterdrücken und die Beschäftigung mit ihnen aufzuschieben.

Weitere entscheidende Merkmale der Person für die Emotionsregulation können in der Lernerfahrung und in psychopathologischen Symptomen liegen. Angenommen ein Alkoholiker auf Entzug versucht, an seiner Lieblingskneipe vorbeizugehen, ohne ein Bier dort zu trinken. Draußen im Biergarten kann er ein paar Freunde am Tisch sitzen sehen. Sie alle haben bereits etwas bestellt und winken ihm. Diese Situation hat in der Vergangenheit eine besondere Bedeutung für den Alkoholiker bekommen. Der Anblick der Freunde, die Kneipe und andere Details der Situation sind an übermächtige Verhaltensimpulse geknüpft. Der Alkoholiker spürt plötzlich das Verlangen, alle guten Vorsätze in den Wind zu schlagen. Ein schnelles

Bier, dann ist er zufrieden. In diesem Augenblick über-
schreibt das Verlangen nach Alkohol bewusst gefasste
Ziele, wie z. B. in typischen Trinksituationen wie der Lieblingskneipe nicht zu trinken. Unter diesen Umständen ist
es für den Alkoholiker womöglich erschwert, sich voraus-
schauend und entsprechend langfristiger Pläne zu steuern.
Stattdessen könnte er empfänglich für impulsive Handlungen sein. So ist eine kognitive Neubewertung oder
die Aufmerksamkeitslenkung ebenfalls schwieriger auszu-
führen. Inne zu halten und die Situation zu analysieren,
ist dann weniger effektiv als beispielsweise die Kneipe
vorübergehend zu meiden.

In welchem Kontext, welche Strategie adaptiv ist, entscheidet sich wahrscheinlich durch diverse Charakteristika
des Kontextes wie auch die Kontrollierbarkeit (Troy et al.
2013). Damit ist gemeint, wie viel Einfluss wir auf die
Situation ausüben können. Wenn Stressoren, die zu Wut
oder Ärger führen, durch unsere Handlungen beeinflusst
werden können, lohnt die kognitive Neubewertung weniger. Wenn z. B. der unhöfliche Gast zu beschwichtigen
ist und der Kellner bloß den Anschein von Ruhe wahren
muss, sollte er vorübergehend seine wahren Gefühle nicht
zeigen. Vielleicht muss der Kellner sich konzentrieren,
um zu ergründen, warum der Gast sich aufregt. Für eine
Umdeutung der Unhöflichkeit fehlt womöglich die Zeit.
Vielleicht geht es auch um etwas Banales. Mit einer einfachen Geste, einem neuen Glas oder einem anderen Platz,
wäre die Situation zu retten. Dafür muss nur kurz der erste
Ärger beiseitegeschoben werden. Solange der Ärger nur
kurz und schwach war, verraucht er wieder. Wie im Beispiel
der Stewardess sind Stressoren aber oft gar nicht oder nur

schwer veränderbar. Der Passagier muss die Flugumstände aushalten, und die Stewardess muss den Passagier ertragen. Der Versuch einer Neubewertung ist hier deutlich gesünder als alle Emotion in sich hinein zu fressen.

Auf Dauer halte ich die Neubewertung wie viele Forscher für die angebrachteste Variante der Emotionsregulation. Sie ist wahrscheinlich die beste Strategie, um Emotionen wahrzunehmen und sie zu ergründen. Unterdrückung ist Hemmung. Sie ist der verzweifelte Versuch, eine Emotion nicht wahrhaben zu wollen. Wenn es um keine intensiven Emotionen wie im Beispiel des Kellners geht, mag sie kurzzeitig helfen. Langfristig schadet Unterdrückung. Eine Emotion ist nicht wegzudenken oder zu leugnen. Es muss sich ihr geöffnet werden, um sie ins Selbst zu integrieren.

Der Widerspruch zwischen der Ehrlichkeit der Emotion und ihrer Kontrolle ist so zu lösen. Nicht immer erschließt sich uns sofort, warum wir fühlen, wie wir fühlen. Die Welt ist voller Mehrdeutigkeiten und Unübersichtlichkeit. Ein intuitives Gefühl macht sich auch ohne unser bewusstes Verständnis breit und überrascht uns. Bevor wir aber das Gefühl von uns stoßen, sollten wir es ergründen. Indem wir es, wie Lazarus und Gross formuliert haben, wahrnehmen und mehrfach bewerten, erkennen wir mehr als ursprünglich erahnt. Wir lernen nicht nur mehr über die Situation, sondern auch über uns. Langfristig können wir jedes Erlebnis ergründen und für uns bewusst machen. So ergibt alles auf einmal Sinn. Die Gründe für unsere Gefühle werden deutlicher und nachvollziehbarer. Es gibt keinen Grund mehr, sich zu schämen oder Emotion zu scheuen. All die emotionalen Erfahrungen ergeben ein großes Ganzes, das den Weg für die Zukunft bereitet.

Unter den negativen Erfahrungen finden sich wertvolle Erinnerungen, die nicht so aussichtslos sind wie früher gedacht. Diejenigen, die negativ bleiben, waren notwendig. Mit ausreichender Beschäftigung wird deutlich, dass sie berechtigt waren und zu der Person beitrugen, die wir heute sind. Aus der richtigen Kontrolle und Offenheit erwächst Freiheit.

4.3   Glück – Zufall oder Leistung?

Ulrich Beer

Wenn man den Begriffen nachgeht, kommt man ins Stocken.

> Was ist Glück? Ein Zustand, ein Geschenk, eine Aktivität? Ist Glück Zufall oder Leistung?

In der Tat kann man die Vielfalt der Glücksbegriffe auf diese beiden Pole reduzieren. Es gibt ein sehr verbreitetes Verständnis, das rein passiv ist: Das Glück fällt uns zu. Der eine hat eben Glück, und der andere hat es nicht. Wir hoffen auf das Glück, manchmal ereilt es uns, und wir wissen, dass es durchaus nicht gerecht ist und nicht verdient sein muss. Man kann allenfalls Vorbedingungen des Glücks schaffen, und Gerechtigkeit wäre schon viel, aber das Besondere am Glück ist gerade, dass es eigentlich nicht gerecht ist, dass es persönlich ist. Das Glück kümmert sich um gar nichts; nicht um Verdienst und Würdigkeit, nicht um Bemühung und Leistung, und dieses Träumen von und Sehnen nach Glück teilen wir alle. Es soll uns irgendwo im regnerischen Alltag treffen. Irgendwo, vielleicht aus einem Paar Kinderaugen, die uns anlachen, aus einem Brief, den wir bekommen, aus einer Blume, die wir erblicken. Etwas, das uns unerwartet trifft: Ein Blitz aus heiterem Himmel, ein Funken Liebe, ein guter Einfall, das alles ist Glück, ist nicht machbar, ist nicht organisierbar, nicht verfügbar – oder der Glaube. Das passive Glück hat seinen Gegenpart im Pech. Der Glückspilz hat den Pechvogel als Gegenüber, und beide können eigentlich nichts dafür, dass sie so sind.

Ist also Glück nur Zufall, Geschenk? Sind die Glücklichen nur die Fortunati, die von Fortuna Begünstigten, denen Reichtum und Erfolg in den Schoß fallen, die sich Vergnügungen leisten können, weil ihr Geldbeutel nie leer wird? Selbst wer diesem passiven, fatalistischen Glücksbegriff huldigt, versucht dann doch dem Glück noch nachzuhelfen.

Im Glücksspiel zum Beispiel kennen wir das. Eigentlich kann man die Treffer nicht berechnen, aber man versucht sein Glück im Spiel, um dem Schicksal ein Schnippchen zu schlagen, und man spielt Lotterie und hofft auf den großen Treffer. Es ist also auch ein Tun mit im Spiel, nur keins, das direkt auf das Ziel hinsteuert. Glück ist etwas, das sich dem Zugriff entzieht. Je mehr man es anstrebt, je mehr man es fassen, manipulieren will, desto flüchtiger wird es.

Ja, renn nur nach dem Glück (Brecht 1960),

sagt Bert Brecht in der Dreigroschenoper,

doch renne nicht zu sehr, denn alle laufen nach dem Glück, das Glück läuft hinterher (Brecht 1960).

Es ist vielleicht etwas wie Gesundheit, Gesundheit vor allen Dingen im Alter, die sich jeder erhofft, oder das, was man Persönlichkeit und Reife nennt. Die wichtigsten Dinge sind dem Zugriff entzogen, und je unbedingter man sie haben will, umso sicherer entziehen sie sich. Von dieser sehr schmetterlingshaften Beschaffenheit scheint das Glück zu sein. Umso mehr reizt es uns alle, als man sich damit ungern zufrieden gibt und die Frage unerträglich wird: Muss man denn hinnehmen, das manche Leute Glück haben und andere zum Unglück verurteilt sind?

Wenn man gar selbst zu den letzteren gehört, muss man sich damit abfinden? Je länger man darüber nachdenkt, umso mehr fallen einem Sprüche ein wie *Jeder ist seines Glückes Schmied!* Dieses – sicher weitgehend zutreffende – Wort geht nicht mehr von einem passiven Glücksbegriff aus. Es enthält eine ganz neue Philosophie, eine der Aktivität, des Handelns und vor allem der Entscheidung. Dabei huldigen wir nicht dem Gedanken, dass alles manipulierbar und machbar sei, der Mensch also sein Glück in der Hand habe. Sicher aber ist, dass er durch eine positive Lebenseinstellung viel, ja das Entscheidende tun kann. Wer Glück und Lebensfreude gewinnen will, muss vor allem eins: zum Glück entschieden sein, das heißt, überhaupt entschieden sein, sich entscheiden.

Glück, heißt es in einem anderen Sprichwort, *hat auf die Dauer nur der Tüchtige.* Glück erfolgt also aus der Leistung.

Wenden wir uns nun also von dem passiven Begriff Zufall dem aktiven Begriff Leistung zu. Der Glückszufall soll dabei nicht geschmälert werden, er ist aber doch eine allzu flüchtige und unberechenbare, sogar ungerechte Größe, sodass man Überlegungen der Art anstellt – mit Recht -, wie man denn das Glück fangen, an seinem Glück bauen könnte, und wie groß die Chance dabei ist, wenn man es versucht.

Es wird vieles versucht. Zwar machen manche Menschen bei diesem Versuch weite Wege, drehen sich im Kreis und landen wieder am Ausgangspunkt. Das Glück ist weiterhin flüchtig … Man kann es verschieden, und man kann es natürlich völlig falsch anpacken, das Glück zu fassen zu bekommen. Ich versuche, in einigen Aussagen zusammenzufassen:

Sicher kennen Sie das Märchen vom *Fischer und seiner Frau*. Hier wünscht sich eine raffgierige Frau die ganze Stufenleiter des Erfolgs hinauf: von der alten Hütte, in der die beiden lebten, in eine neue, schönere; dann muss es ein steinernes Schloss sein; das genügt nicht: Sie will einen Palast, will König, Kaiser, Papst und schließlich so mächtig wie der liebe Gott werden. Der letzte anmaßende Wunsch wird ihr nicht erfüllt. Mit dem Schlusssatz: „Geh nur hin, sie sitzt schon wieder in der alten Hütte." endet das Märchen. Hätte sie ihren Wunschwahn nicht ins Maßlose übertrieben, so säße sie da am Schluss nicht wieder verdrossen wie zuvor.

Wie vielen Menschen geht es ähnlich? Sie sind oft gefangen in ihren Vorstellungen und Wünschen nach etwas, das sie suchen und unbedingt haben wollen. Sie umklammern es geradezu, verrannt und versessen in ihren Vorstellungen, sodass sie das Glück des Erreichten nicht mehr wahrnehmen können, sondern nur noch das nicht

erreichte, weit entfernte Ziel – ein Zustand, der für sie ein
Unglück bedeutet. So deuten sie ihre Wirklichkeit voll-
kommen falsch und bemerken nicht die Chance zur Freiheit, die sie haben könnten. Sie sagen: „Wenn wir dies und
das hätten oder könnten, dann, ja, dann wären wir glücklich." Aber nein, wir zwingen uns zu einem Ziel unserer
Wunschvorstellung, engen uns ein, fesseln uns an eine
gedachte Wirklichkeit, unterschätzen und vernachlässigen
die Wirklichkeit der Freiheit. Wir versäumen diesen kleinen, entscheidenden Punkt, der Umkehr bedeuten könnte
und der Entscheidung heißt. Diese Umkehr könnte uns
aus Abhängigsein und Vollzugszwang befreien. Ich meine,
immer mehr Menschen befinden sich heute in einem solchen Zustand von Anspannung, der zur Lähmung wird.

Und das, weil sie die Bedingungen für das Glück von
anderen erwarten:

Der Staat soll Gesundheit, Sicherheit, Wohlstand und
ein sorgloses Alter garantieren. Das kann er in einem
gewissen Maß, aber damit kommt das Glück eben nicht
zwangsläufig.

Die Kirche – erwarten wir – gibt uns Segen, die innere
Glückseligkeit oder das ewige Leben.

Oder von allen möglichen Vereinigungen oder einer
ganzen Lustbarkeits-, Unterhaltungs- und Kulturindustrie
erwarten wir, dass sie uns das Glück für den Alltags-
und Hausgebrauch bis in die Wohnstuben hineinträgt.
Immer mehr machen wir uns abhängig, immer mehr
Menschen hängen an den kollektiv verwalteten Glücks-
angeboten materieller und geistiger Art, bei denen wir
aber, und das scheint so ein Rest von Instinktreaktion zu
sein, unbefriedigt bleiben oder sogar geängstigt werden

und bemerken: Je mehr wir versorgt werden, desto weniger sind wir fähig, selbstständig zu stehen. Je mehr wir uns vorsetzen lassen, desto weniger sind wir fähig, selbst etwas zu produzieren oder dafür zu tun, dass wir uns wohl fühlen und glücklich sind. Und wir werden vor allem immer unfähiger, uns zu entscheiden.

Keine Generation hat eine solche Vielfalt von Entscheidungen treffen und solche Wahlmöglichkeiten wahrnehmen können wie unsere. Die Vielfalt im politischen Spektrum, die weltanschauliche, die religiöse Vielfalt wird noch zunehmen.

Aber merkwürdig: Mit der wachsenden Fülle an Wahlmöglichkeiten sehen die Menschen nicht glücklicher aus. Wenn wir uns aufmerksam umschauen, sehen wir die glücklichsten Menschen und das strahlendste Leuchten in den Augen der Menschen gerade nicht in den Hochburgen westlichen Wohlstands und hochzivilisierter, pluralistischer Freiheit.

Vielleicht sind wir mit dieser Vielfalt überfordert? Vielleicht werden wir durch die Fülle der Wahlmöglichkeiten sogar eingeschüchtert? Jedenfalls scheint die Fähigkeit, sich zu entscheiden und unter den vielen Möglichkeiten sein Glück auszusuchen, nicht mit diesem Möglichkeiten selbst schon gegeben zu sein; sie muss offenbar zusätzlich erworben werden.

Das setzt eine Anstrengung voraus, ein immer neues Sich-Bewusstwerden und Sich-Entschließen. Genau genommen ist unser ganzer Tag aufgereiht wie eine Perlenkette von Entscheidungen. Der Mensch ist das (sich) entscheidende Wesen. Er unterscheidet sich vom Tier, das in den Augenblick hineinlebt. Er kann nicht sein wie das

Tier, er kann entweder nur mehr sein oder weniger, und wenn wir sagen: „Er ist tierisch", dann ist er auch schon weniger, und wenn er Mensch ist, ist er mehr.

Das gipfelt in diesem Punkt: Er kann sich entscheiden. Er lebt nicht nur, sondern er kann sein Leben führen. Er nimmt nicht nur auf und lässt sich von Reizen beeindrucken, sondern kann auf diese Reize antworten, zwischen ihnen wählen. Er muss sich sogar entscheiden.

Brötchen oder Brot?

Wenn er sich nicht entscheidet, ist das bereits eine Entscheidung, selbst wenn sie nicht bewusst sein sollte: für Aufstehen oder Liegenbleiben, für Tee oder Kaffee trinken, Brötchen oder Schwarzbrot essen, das Auto oder das Fahrrad nehmen – und so geht es den ganzen Tag weiter: eine Fülle von Entscheidungen, bei denen wir immer die Möglichkeit haben, die bessere, nämlich die für unser Glück zuträglichere zu treffen. Wenn Glück wirklich der Maßstab ist, an dem wir bewusst oder unbewusst unser Lebensziel ausrichten, ob in einem höheren oder in einem einfacheren Sinn, so sind doch auch die Entscheidungen dadurch bestimmt: Fühle ich mich glücklicher, wenn ich ein knuspriges Brötchen esse oder ein weiches?

An diesem kleinen Beispiel wird deutlich: Wenn ich mich jeweils bewusst entscheide, habe ich die Möglichkeit, mein Glück zu packen – vielleicht nicht in den ganz großen Ereignissen, aber doch in einer Fülle von planvoll und bewusst erlebten Entscheidungen.

Ich kann mein Glück nicht machen, aber wenn ich glücklich werden will, muss ich mich entscheiden. Und nun sind die großen Entscheidungen in unserem Leben offenbar auch wieder eine Mischung von Zufall und Leistung, von Fügung und Verfügung, wenn man so will.

Allerdings gibt es eine Paradoxie des Glücks: Wir können uns zwar für das Glück entscheiden, aber wenn wir es unbedingt wollen, entzieht es sich uns, es flieht ja sogar vor unserem Zugriff. Die Entscheidung muss also auch die Bereitschaft zur Hinnahme, zum Akzeptieren von Zuständen oder Ereignissen enthalten, ja sogar zum Akzeptieren von Unglück und Misserfolgen. Wenn wir das auf jeden Fall gleich herbeizwingen wollen, werden wir es mit Sicherheit verfehlen. Das führt dazu, dass Menschen das Glück da, wo sie es am häufigsten suchen, am wenigsten finden.

4.4 Das richtige Maß Kontrolle

Malte R Güth

Deutsche Nüchternheit ist ein Erkennungsmerkmal der nationalen Kultur. Während z. B. die für das Land typische Eleganz und offene Hedonie leicht als französisch erkannt werden können, sind Aufgeklärtheit, Sachlichkeit, Ordnungsfixation und Selbstbeherrschung zwar nicht ausschließlich, aber kennzeichnend, deutsch. Als Kompliment auf der einen Seite und Kritik auf der anderen haben gerade französische und deutsche Satireblätter diese sogenannten „Gegensätze" aufgespießt. Der Deutsche schätze zwar Disziplin und Ordnung, sei aber auch verklemmt, humorlos und kalt. Es fehle die Emotionalität oder die Leidenschaft, die *joie de vivre,* die die französische Kultur ausmache.

Was sagt das über uns? Sind wir überkontrolliert? Wie mit allen nationalen Stereotypen trifft es natürlich nicht auf alle zu. Unsere berühmtesten Künstler, wie Johann Wolfgang von Goethe oder Friedrich Schiller, stießen mit affektvollen frühen Werken auf Kritik. Gerade Schiller hatte bei frühen Versuchen, als Schreiber am Theater Erfolg zu finden, deshalb Schwierigkeiten. Mit einem seiner ersten Stücke, *Die Räuber,* traf er den Zeitgeist des *Sturm und Drang.*

Die offene Zurschaustellung von Rebellion, Gewalt und ungezügelter Emotion auf der Theaterbühne sorgten für Diskussion. Das Rohe und Schmutzige in Schillers Räubern schreckte viele ab. Der württembergische Herzog sagte dazu: „Schreib ER (Schiller) nicht mehr!" und verdonnert ihn zu Karzer. Warum? „Weil er sich unerlaubt ins Ausland (nach Mannheim) begeben habe!" Nämlich zur Erstaufführung der Räuber. Der junge Schiller solle sich lieber dem Medizinstudium widmen.

Vielen Menschen wird von klein auf eingetrichtert, was sich zieme: welche Berufe, welche Umgangsformen, welcher Ausdruck und damit welche Emotion. Wie Schiller die Medizin oder Goethe die Rechtswissenschaften, wird zahllosen Kindern diktiert, welche Lebensentwürfe oder Professionen angebracht seien. Dasselbe gilt für den Selbstausdruck. Meistens fallen diese elterlichen Maßnahmen in den Bereich alltäglicher Erziehung. Solche strengen Methoden werden heutzutage seltener, aber vorausgegangene Generationen sind damit aufgewachsen.

Dem Kind wird vorgelebt, welche Werte und Gepflogenheiten akzeptabel sind. Schließlich gibt es Regeln in der Gesellschaft, auf die wir uns alle einigen können. Achtsamkeit und Mitgefühl gegenüber anderen, Respekt vor der Würde des Menschen und Akzeptanz aller friedvollen Konfessionen oder Ideologien. Diese müssen integer von den Eltern vertreten werden. Nur so lernt das Kind, und die Eltern sind unabhängig vom medialen Einfluss heute wie vor hundert Jahren die wichtigsten Rollenvorbilder der Kinder.

Dabei übernehmen Kinder nicht bloß Achtung vor ausgewählten Berufen, sondern auch Regeln für die Lebensführung. Wie offen mit Emotion umgegangen wird, unterscheidet sich stark zwischen Familien. Wieder finden wir in Deutschland ein ausgeprägtes Maß an Kontrolle. Selbstbeherrschung ist bei uns eine Tugend: „Das hat hier gerade keinen Platz. Das ist unsachlich. Das tut hier nichts zur Sache. Belaste andere nicht mit dem, was in dir vorgeht. Behalt es für dich. Es gehört sich nicht, Intimes zu teilen. Andere wollen davon nichts wissen. Was sollen die Leute denken? Glaubst du, so wird man dich respektieren? Sei vernünftig!"

Solche Sätze könnten in stillen Stunden der Erinnerung in vielen Köpfen widerhallen. Vielleicht aber auch nicht. Vielleicht sind sie längst vergessen. Ihre Botschaft aber ist real. Sie hat sich im Verhalten und Denken des nun erwachsenen Kindes niedergeschlagen. Es muss noch nicht einmal in der Kindheit seinen Anfang finden. Überregulation der Emotion kann durch Erfahrungen im

Verlauf des ganzen Lebens ausgelöst werden. Ablehnung und Ausschluss wegen einer Emotion, die nicht erwidert oder verurteilt wurde, können verantwortlich sein. Auch genetische und mit der Persönlichkeit verbundene Veranlagungen können in die Einstellung gegenüber Emotion mit hineinspielen. So kann nicht nur von den Eltern, auch von uns selbst können diese Mantras stammen: „Denke nicht weiter über die Emotion nach, ignoriere sie. Besser noch, schlucke sie herunter. Sie ist nicht wichtig. Teile nicht, sei beherrscht." Die Form des Umgangs mit der Emotion ist dabei eine andere als die Rationalisierung und Neuinterpretation wie sie James Gross vorschlug.

Kognitive Neubewertung setzt voraus, dass wir die Emotion wahrnehmen, ihre Ursprünge erkennen und versuchen, eine neue Perspektive zu gewinnen. Die Emotion wird als real und wichtig empfunden. Die Emotion nicht wahrhaben, sie ersticken, sie ausmerzen, sie niederschlagen ist gänzlich anders. Es bedeutet, die Emotion von sich zu stoßen, sie als störenden Fremdkörper zu identifizieren. Es kümmere nicht, weshalb sie entstand oder was sie über uns und unser Umfeld aussagt. Die Kernbotschaft aber ist, dass unsere Bedürfnisse, die durch die Emotion vermittelt werden, nicht wichtig seien. Wir müssten uns unterordnen und zurückhalten.

Eine solche Einstellung gegenüber Emotion ist meiner Ansicht nach eine der gefährlichsten unserer heutigen Gesellschaft. Emotion als falsch und des Schämens wert einzustufen ist eine Verleugnung des Selbst. Schlimmer noch, es ist eine konstante Herabwürdigung. Was ich mir wünsche, sei nicht von Bedeutung. Was ich fürchte, betrauere, hasse, wissen möchte, eklig oder begehrenswert finde, ja, was ich liebe, sei nicht von Bedeutung. Wir fügen uns enormen seelischen Schaden zu, wenn wir auf diese Art verkennen, was uns am Herzen liegt. Dieser Weg führt langfristig – nicht bei jedem, aber bei zu vielen – zur Erkrankung von Körper und Geist. Wir finden uns fast schon wieder am anfänglichen Punkt ohne Emotion, an dem Punkt der Leere. Nichts ist von Interesse und nichts von Relevanz. Weil wir Mensch sind, fühlen wir aber weiter. Von außen wird uns eingebläut, wir dürften nicht fühlen, was wir fühlen. Wir müssten einen Teil herausschneiden, der in unserem Nervensystem so eng eingeflochten ist wie Leber, Herz, Magen oder Lunge. Darum fühlen wir Scham, Trauer und Abneigung gegen uns selbst. Sie werden zur Norm, wann immer wir fühlen, wie wir nun einmal fühlen. Sei es aus Liebe zu jemanden, der nicht geliebt werden soll, aus Furcht vor etwas, das nicht gefürchtet werden soll, aus Freude an etwas, das missachtet werden soll.

Solche automatischen Bewertungen festigen sich über die Jahre. Sie zu durchbrechen, ist ein schweres Unterfangen und gelingt nicht sofort. Doch über die Kontrolle, die zuvor Auslöser des Leidens war, kann auch die Lösung sein. Emotionsregulation bedeutet, Emotionen zu reduzieren und zu steigern. Durch gelernte oder selbst entwickelte Denkschemata können wir dazu neigen, Positives herunterzuspielen und Negatives zu übersteigern. Der Mechanismus lässt sich umkehren.

Das nächste Mal, wenn sich die Emotion anbahnt und die Scham kurz davor ist, einzusetzen, halten wir inne. Wir treten einen Schritt zurück und sind demgegenüber offen, was in uns passiert.

1. Wir versuchen, zu erkennen, was sich in unserem Körper verändert. Wir beobachten das Grummeln im Bauch, die Gänsehaut, den Schweiß an den Händen, das Pochen, das Rauschen, all die körperlichen Anzeichen, die wir vielleicht in der Vergangenheit schon gefühlt haben. Was teilen sie uns mit? Ist es angenehm oder unangenehm? Wofür könnten die Empfindungen stehen?

2. Was passiert um uns herum? Wer ist da, und was teilt er uns mit? Wie haben wir die Mitteilung verstanden? Was war der Auslöser für die Gefühle, die wir empfinden? Sind wir sicher, dass wir alles verstanden haben? Möchten wir vor der Situation fliehen oder bleiben? Was würde passieren, wenn du einem der Impulse nachgehen würdest?

3. Wir wollen sicher sein, dass wir an all unsere Möglichkeiten und wichtiger noch an alle Perspektiven denken. Wir nehmen jede Emotion ernst, aber fragen uns, ob es weitere Wege gibt, über sie nachzudenken. Muss unsere Lage tatsächlich negativ oder positiv sein? Muss sie wirklich Trauer, Furcht, Wut, Ekel, Überraschung, Freude oder irgendeine andere Emotion auslösen? Vielleicht finden wir einen Aspekt, den wir vorher nie bedacht haben – Positives, wo nur Negatives vermutet wurde, ein Vielzahl möglicher Erklärungen, wo Unumstößlichkeit angenommen wurde.

4. Wir wertschätzen, was wir fühlen. Wenn wir sicher sind, was wir fühlen und warum, stoßen wir es nicht von uns. Wir akzeptieren es als einen ehrlichen Teil unseres Selbst. Wenn uns nicht gefällt, was eine Emotion über uns und unsere Bedürfnisse aussagt, nehmen wir sie als Anstoß zur Veränderung. Großes kann daraus entstehen.

5. Wenn wir uns den Moment zur Reflexion genommen haben und ausreichend Zeit hatten, bedenken wir unsere Handlungen. Was sind kurz- und langfristige Konsequenzen? Denken wir an die Wahrscheinlichkeit möglicher Handlungsfolgen. Was und wie bald können wir Veränderung erwarten? Können wir sicher sein, wie unsere Chancen und Risiken stehen? Wir nehmen nicht gleich den leichten Ausweg, der uns von allen Herausforderungen befreit. Ist es wirklich der Weg, den wir nehmen wollen? Oder wünschen wir nur, dass die Aufregung abnimmt und wir uns schonen können? Wir wählen so, dass wir in Zukunft von Scham befreit leben. Wir leiten unsere Handlungen so, dass wir vor uns selbst treten und ohne Reue sind. Wir versuchen, ein aufrechter Mensch zu sein, den wir respektieren können.

Es gibt eine angemessene Kontrolle. Es ist die, die uns Emotionen erfahren, aber nicht unterdrücken lässt. Sie gibt uns die Kraft, kurzfristige Versuchungen, wie z. B. schreien aus Wut und Luft zu machen, weil wir die langfristigen Gewinne sehen. Sie kontrolliert nicht, was ehrlich ist, sondern gibt uns mehr Einblick in uns selbst. Ruhe und Ausgeglichenheit anstelle von Verklemmung und Selbstverleumdung sollen ihre Funktionen sein. Mit einer Kontrolle, die Emotionen zulässt und uns Zeit schenkt, über sie nachzudenken, verliert die Emotion nicht an Ehrlichkeit über unser inneres Erleben. Sie gewinnt Ehrlichkeit.

Indem wir einen Schritt zurücktreten, um alle Blickwinkel einzunehmen und uns selbst besser kennenzulernen, erkennen wir, was wichtig ist und was nicht. Wir können zugleich nüchtern, pragmatisch und beherrscht sein und Emotionen ausdrücken. Alles achtlos herunterzuschlucken, ist keine Beherrschung. Es ist Selbstverleugnung, die die eigenen Bedürfnisse, Emotionen nicht wertschätzt. Demnach stagniert der Mensch und entwickelt sich nicht. Dies gelingt nur, indem wir uns dem stellen, was wir fühlen und dann abzuwägen, auszuhalten und eine Schlussfolgerung zu ziehen. Klingt das nicht vernünftig? Ist das nicht pragmatisch? Die einzig irrationale Handlung wäre, kategorisch zu verneinen, was biologisch und seelisch in uns verankert ist.

Für die richtige Kontrolle gibt es also keinen Standard und keine Normwerte. Es gibt nur das Selbst als Bezugspunkt. Ich nehme wahr, was da ist, und habe selbst in der Hand, was ich teilen will. Wichtig ist, dass ich nichts verleugne und selbst derjenige bin, der über die Folgen für mein zukünftiges Verhalten entscheidet. Kein anderer und keine Scham sollen über mich bestimmen. Ich verstecke mich nicht vor der Emotion. Ich habe die Kraft und die Offenheit, sie zu sehen und auf mich zu nehmen und wachse dadurch, indem ich mich durch die Emotionen beflügeln lasse. Das ist wahre Stärke.

Ein Gleichgewicht finden

Achtsamkeit für die eigenen und für fremde Emotionen wirkt der Verrohung und inneren Kälte entgegen. Achtsam für sich und andere zu sein, bedeutet in diesem Zusammenhang, die Aufmerksamkeit gezielt nach innen und außen zu lenken, um auch schwer erkennbare Gefühlszustände wahrzunehmen. Dadurch sind wir in der Lage, die eigenen Gefühle besser zu beurteilen und mit ihnen zu arbeiten. Je nach Gefühl und Lebenslage kann dies durch bewusstes Nachdenken, vorübergehende Unterdrückung oder Verdrängung, oder aktives Gegenwirken durch Handlungen geschehen. Es gibt keine ideale Strategie für alle Situationen und Menschentypen. Mit Umdeutungen emotional geladener Geschehnisse oder gedanklichem Entfernen fühlt sich der eine sehr wohl, während ein anderer weniger begabt im Umgang mit diesen Strategien sein mag oder sich schlicht unwohl damit fühlt. Es gibt aber für jeden eine Lösung, die er situations- und emotionsabhängig trainieren kann. Wichtig ist, sich der Herausforderung zu stellen, mit der Emotion umzugehen und sie wahrzunehmen. Diese Auseinandersetzung ist der Grundstein für die Ausformung einer starken Identität. Zuletzt ist die Frage nach einer angemessenen Kontrolle schwer zu klären. Sowohl kulturelle als auch individuelle Erfahrungen aus unserer Lerngeschichte prägen uns darin, wie und wie viel wir kontrollieren. Der Grad der Kontrolle und der der Freizügigkeit sind aber frei regelbar. Die beiden als Widersprüche zu begreifen, ist Trugschluss. Sie sind Teil eines gemeinsamen Spektrums, auf dem wir uns nach eigenem Ermessen einordnen können.

Literatur

Abler, B., & Kessler, H. (2009). Emotion regulation questionnaire – Eine deutschsprachige Fassung des ERQ von Gross und John. *Diagnostica, 55*(3), 144–152.

Brecht, B. (1960). *Bertolt Brechts Dreigroschenbuch*. Frankfurt a. M.: Suhrkamp.

Buhle, J. T., Silvers, J. A., Wager, T. D., Lopez, R., Onyemekwu, C., Kober, H., … & Ochsner, K. N. (2014). Cognitive reappraisal of emotion: A meta-analysis of human neuroimaging studies. *Cerebral Cortex, 24*(11), 2981–2990.

Busch, W. (1959). *Schein und Sein*. Frankfurt a. M.: Insel.

Dollard, J., Miller, N. E., Doob, L. W., Mowrer, O. H., & Sears, R. R. (1939). *Frustration and aggression*. New Haven: Yale University Press.

Grillparzer, F., Frank, P., & Pörnbacher, K. (Hrsg.) (1960). *Franz Grillparzer: Sämtliche Werke. Ausgewählte Briefe, Gespräche, Berichte*. München: Hanser.

Gross, J. J. (1998). The emerging field of emotion regulation: an integrative review. *Review of general psychology, 2*(3), 271.

Gross, J. J. (Hrsg.) (2013a). *Handbook of emotion regulation*. Guilford publications.

Gross, J. J. (2013b). Emotion regulation: Taking stock and moving forward. *Emotion, 13*, 359–365

Mauss, I. B., Cook, C. L., Cheng, J. Y., & Gross, J. J. (2007). Individual differences in cognitive reappraisal: Experiential and physiological responses to an anger provocation. *International Journal of Psychophysiology, 66*(2), 116–124.

McRae, K., Jacobs, S. E., Ray, R. D., John, O. P., & Gross, J. J. (2012). Individual differences in reappraisal ability: Links to reappraisal frequency, well-being, and cognitive control. *Journal of Research in Personality, 46*(1), 2–7.

Nisbett, R. E., & Wilson, T. D. (1977). The halo effect: Evidence for unconscious alteration of judgments. *Journal of Personality and Social Psychology, 35*(4), 250.

Troy, A. S., Wilhelm, F. H., Shallcross, A. J., & Mauss, I. B. (2010). Seeing the silver lining: Cognitive reappraisal ability moderates the relationship between stress and depressive symptoms. *Emotion, 10*(6), 783.

Troy, A. S., Shallcross, A. J., & Mauss, I. B. (2013). A person-by-situation approach to emotion regulation: Cognitive reappraisal can either help or hurt, depending on the context. *Psychological Science, 24*(12), 2505–2514.

5

Mut zur Offenheit

Zusammenfassung Die angemessene Kontrolle kann ohne Vertrauen und Offenheit nicht gelingen. Mehr noch als das Vertrauen zu anderen braucht es das zu sich selbst. In ungeahnten Selbsteinsichten kann die Kraft gefunden werden, Lebenskrisen zu ertragen. Es bedarf Anstrengung zur Integration aller Emotionen in das Selbst. Gelingen die Integration und die unbedingte Wertschätzung aller Emotionen, wird bald klar, dass Emotion mehr Stärke schenkt, als sie fordert. Mit dem letzten Kapitel sollen die Gewinne offener Emotionswahrnehmung und der Übung angemessener Emotionsregulation dargelegt werden.

© Springer-Verlag GmbH Deutschland, ein Teil von Springer Nature 2019
U. Beer und M. R. Güth, *Fühlen macht Sinn*,
https://doi.org/10.1007/978-3-662-57864-3_5

5.1   Vom Wert des Vertrauens

Ulrich Beer

Das Netz von Gesetzen und Vorschriften, Verkehrsregeln und Gebührenordnungen, Bußgeldern und Steuervorschriften, Formularen und Kontrollen wird immer enger. Allein der Bundestag beschließt heute Jahr für Jahr hundertmal mehr Gesetze als in der weitgehend gesetzlosen Zeit unmittelbar nach dem Krieg. Kann dies andere Ursachen haben – außer dem immer unerträglicher werdenden Drang zu Perfektionismus und lückenloser Regelung des individuellen Alltagslebens – als ein grundsätzliches Misstrauen dagegen, dass Menschen sich auch frei bewegen und ihre eigenen Dinge gut und ordentlich erledigen und die Probleme ihres Zusammenlebens lösen können? Zugegeben: Die Autos werden immer schneller und zahlreicher, der Verkehr immer dichter und hektischer, die Zeit immer knapper – darum ist keiner gegen die Gefahr gefeit, sich über Geschwindigkeitsregelungen hinwegzusetzen oder – wenn es keine gäbe, den anderen zu überfahren, zu verdrängen und auf der Straße das Gesetz des Dschungels anzuwenden. Wer überschreitet nicht schon gern einmal die vorgeschriebenen Fünfzig oder ignoriert an einer einsamen Baustelle, wenn kein Verkehrsteilnehmer in Sicht ist, die rote Ampel?

Aber ist deswegen unsere Gesellschaftsordnung bedroht? Würde das Gemeinschaftsleben wirklich gefährdet, wenn es um die Hälfte weniger Regelungen und entsprechende Strafmaßnahmen gäbe? Dafür, dass Kontrolle und Perfektionierung zu grotesken Pervertierungen führen können, ließen sich mühelos zahlreiche Beispiele nennen aus dem Bereich der Parteien und Gewerkschaften, Kirche und Justiz, der Schule und Wissenschaft. Im Universitätsbereich erreichen inzwischen Semesterarbeiten häufig einen Umfang, den früher nicht einmal Dissertationen aufwiesen. Hier wird Wohltat Plage, der Wahnsinn hat Methode. Und hinter dieser Methode verbergen sich das Misstrauen und die Überzeugung, dass der Mensch nicht ungeregelt durchs Leben gehen könne.

Tatsächlich wird der Mensch durch die sich rasant vermehrenden pedantischen Vorschriften immer bewegungs- und damit lebensunfähiger – als könne er wie die Frauen in der alten chinesischen Gesellschaft wegen ihrer eng bandagierten Füße kaum noch selber laufen. Ein System von Paragrafen regelt sein Leben, und das immer totaler werdende Misstrauen führt dazu, dass er sich selber schließlich nichts mehr zutraut. Angeblich ist Lenin an allem schuld, denn ihm wird häufig das Wort in den Mund gelegt: „Vertrauen ist gut – Kontrolle ist besser." Gesagt hat er es aber nie. Unter Anwendung eines russischen Wortspiels – die Begriffe klingen ähnlich – hat er lediglich formuliert „Vertraue, aber prüfe auch."

Natürlich ist ein gewisses generelles Misstrauen unentbehrlich. Wir nennen es Vorsicht. Es begründet die Existenz von Polizei und Armee, von Strafrecht und Strafverfolgung. Ohne sie wäre die Welt wahrscheinlich schon in der Hand von Mafia- und Räuberbanden – soweit sie es nicht ohnehin schon ist. Insofern hat Misstrauen auch eine Leben schützende und erhaltende Funktion, wirkt also konstruktiv. Genauer gesagt: Es sichert den Rahmen,

in dem sich Konstruktives und Kreatives entwickeln kann,
denn durch Polizeikontrollen oder den Strafvollzug werden
Menschen wahrscheinlich vorsichtiger, aber kaum besser.

Wie ist es dagegen in den allerpersönlichsten
Beziehungen? Ich habe den Eindruck, dass das immer
dichter werdende Netz organisierten Misstrauens, durch
das wir ebenso unseren kostbaren Privatbereich gegen eine
vermeintlich feindliche Umwelt schützen, auch vor diesem
Privatbereich nicht Halt macht. So wie in der Wegwerf-
gesellschaft nicht nur leere Flaschen und Plastikbecher,
sondern eben auch Menschenleben und zwischenmenschliche Beziehungen, kaum dass sie entstanden sind, weg-
geworfen werden, so dringt auch das Misstrauen, das diese
Beziehungen schützen soll, tief in sie ein.

Was ist denn die viel beklagte Beziehungs- und
Bindungsscheu vieler Menschen in der heutigen Single-
gesellschaft anderes als das zur Lebenshaltung gewordene
Misstrauen, die zum Dauermisstrauen denaturierte behut-
same Menschenkenntnis? Wir lernen unendlich viele
Menschen kennen, treffen sie zumindest bei tausend
Anlässen, lernen sie aber nicht wirklich kennen. Sie pflegen sich vorteilhaft zu kleiden, gefällig zu benehmen, sich
von der besten Seite zu zeigen, ihr Cheese-Lächeln auf-
zusetzen oder zur Dauerhaltung zu entwickeln. Unsere
instinktive Menschenkenntnis dagegen ist verkümmert,
sodass nicht mehr rechtzeitig die Alarmglocken schrillen.
Wir knüpfen sehr schnell Kontakte, aber wir werden auch
schnell von ihnen enttäuscht. Fast jede neue Beziehung –
vor allem zwischen Mann und Frau, die ohnehin von einer
unbewussten und verborgenen Kampfbereitschaft geleitet
ist -, entwickelt sich schnell zu einem von Kalkül und

Vorsicht getrübten Angst-, Hoffnungs-, Übererwartungs-, Berechnungs- und Beziehungswirrwarr. Dieses Gefühlsgemisch überschattet letzten Endes doch die Unmittelbarkeit liebender Zuwendung und steht im Zeichen des Misstrauens.

Dies habe ich – wie so oft bei neuen Gefühlssituationen – am Beginn einer Beziehung in ein paar Versen festzuhalten versucht, die man auch als Liebesbrief betrachten kann:

Lass Misstrauen niemals Deine Liebe stören,
damit sie zart und jung und schutzlos bleibt,
und statt auf andre sollst Du in Dich hören,
auf Deinem Herzgrund, der Dich zu mir treibt.

Die andern Gründe mögen alle gelten
Und die Erfahrung bleigewichtig sein:
Die Sterne, die sich über unsre Wege stellten,
sie leuchten dennoch, und der Weg wird richtig sein.

Noch sind es zwei, die bald sich treffen,
bald auch trennen,
zwei Wellenlinien, Schicksalskurven gleich.
Von wann an werden sie sich Parallelen nennen,
die sich vereinen im unendlichen, im ewgen Reich?

Nicht dann erst, morgen sollen sich umschlingen
Wie Ranken miteinander unsere Bahnen,
und selbst wenn wir wie Gegner miteinander ringen,
soll im Umschlungensein man unsre Liebe ahnen.

Menschen sind in Beziehungen heute darauf angewiesen, durch eine Hülle, oft einen dichten Nebel hindurch den schwachen Lichtglanz von Liebe zu erahnen und durch immer weiter wachsende Annäherung zu vergrößern.

In einer Welt voller Lug und Trug, voller Verleumdung und Diskriminierung, voller Neid und Spionage mag man von Vertrauen gar nicht reden. Wem kann man trauen? Die eine Weltmacht traut der anderen nicht und rüstet weiter auf. Die Leute, die unsere Interessen in der Welt vertreten sollen, haben alle Mühe, ihre Westen reinzuhalten. Da muss man doch den Glauben an die Menschen, an die Gerechtigkeit, besser noch an die Aufrichtigkeit verlieren.

Das Misstrauen wächst aber auch auf kleiner Ebene. Dem leicht Gestrauchelten begegnen wir mit äußerster Vorsicht, skeptisch wird jede seiner Bewegungen beobachtet. Selten bekommt so ein Mensch eine zweite Chance, wenn ihm einmal das Vertrauen entzogen wurde. Vertrauen zu haben ist riskant geworden. Die Arbeitgeber verlassen sich lieber auf Stechuhren als auf die Pünktlichkeit und Arbeitsbereitschaft der Mitarbeiter. Kauf oder Verkauf war früher Vertrauenssache und wurde mit Handschlag besiegelt, heute werden Verträge geschlossen – ein Notar muss her zum Beglaubigen. Die Besitzer lassen ihre Grundstücke meterhoch einzäunen, und die Alarmanlagenbauer haben Hochkonjunktur.

Wer Misstrauen sät wird, wird auch Misstrauen ernten. Umgekehrt gilt das Gleiche: Wer jemandem etwas zutraut, wird Vertrauen erhalten. So erging es dem Chef, dem sein Buchhalter gestand, dass er Gelder veruntreut habe. Anstatt den Mann fristlos auf die Straße zu setzen, ihn mit Schimpf und Schande zu entlassen, beantwortete der Chef die Aufrichtigkeit, zu der sich der Mann durchgerungen hatte, mit einem verantwortungsvolleren Posten. Soll man diesen Chef nun weltfremd oder leichtsinnig nennen? Vertrauen muss wachsen, wie eine zarte Pflanze gehegt und behütet werden. Wenn es auch oftmals scheint, als würde die Pflanze erstickt durch das wuchernde Unkraut des Misstrauens, durch die Bitterkeit des Lebens, so lohnt es sich immer wieder neue Pflanzen zu setzen. Vertrauen ist ein Netz, ein Geflecht der Verbundenheit, das alles auffängt und hält.

Beim Pflanzen des Vertrauens muss man aber vor allem an die Stärkung des Selbstvertrauens denken. Nur wer sich selbst etwas zutraut, kann auch anderen vertrauen. Jedes Kind kommt mit einem gesunden Selbstvertrauen auf die Welt, das aber schon bald im Umgang mit anderen, im Kindergarten, in der Schule oder auch in der Erziehung im Elternhaus Federn lassen muss – beim einen Kind mehr, beim anderen weniger. Jeder Mensch hat das Recht, sich seiner Besonderheit und seiner Stärken zu erfreuen, sie zu fördern und auszubauen. Die eigene Stärke ist das Sprungbrett, mit dessen Hilfe der Sprung über den eigenen Schatten gelingen kann. Wer sich selbst und seine Fähigkeiten kennt und an die Kraft und den Wert derselben glaubt, bekommt die ersehnte Selbstsicherheit und damit die Erfolg versprechende Ausstrahlung. Dieser Mensch übernimmt Verantwortung für sich ganz persönlich, die Verantwortung für seine Gefühle und Gedanken, Entscheidungen und Fehlentscheidungen, und wird so eine selbstständige, selbstsichere Persönlichkeit, die vertrauensvoll ihren Weg geht.

Vertrauen ist wichtig, vielleicht das Wichtigste überhaupt. Ohne Vertrauen kann keine Gesellschaft existieren, jedenfalls nicht auf Dauer und nicht menschenwürdig. Ohne Vertrauen können wir keinen Brief in den Briefkasten werfen, mit der sicheren Erwartung, dass er ankommt, keinen Zug und kein Flugzeug besteigen, keine Ehe eingehen, kein Kind in die Welt setzen und nicht einmal ein Stück Rindfleisch kaufen. Das tun wir vertrauensvoll – trotz jenes unverzichtbaren Rests von Misstrauen, mit dem wir das Vertrauen absichern. Vertrauen ist nicht greifbar, nicht sichtbar und doch lebenswichtig. Vertrauen ist wichtiger als die Massenkommunikation, ja, es ist so etwas wie ein emotionales Internet. Wehe dem, der aus diesem Netz fällt! Dieser Mensch kann dann kaum Selbstvertrauen entwickeln – und umgekehrt gilt: Nur, wer sich selbst vertraut, kann auch anderen vertrauen. Vertrauen ist die Grundlage jeder Beziehung.

Es lohnt sich, solche scheinbaren Selbstverständlichkeiten zu unterstreichen. Viele haben dieses Vertrauen in die eigene Persönlichkeit nicht, obwohl sie es sich sehnlichst wünschen. Die immer komplizierter werdende Welt mit ihrer Pluralität und ihren täglichen Entscheidungszwängen verwirrt und überfordert die Menschen. Es beginnt mit dem Einkauf und endet noch längst nicht bei den politischen Wahlen. Selbst die Religionen werden auf dem Markt der Entscheidungen gehandelt. Das verunsichert, das erschüttert das Vertrauen in die Grundlagen der Gesellschaft, nagt aber auch am Selbstvertrauen des Einzelnen. Offenbar ist dies der hohe Preis der Freiheit in der sogenannten postmodernen Welt. Aber wer möchte deswegen eine frühere, angeblich fester gefügte, weil oft von blindem Vertrauen getragene Gesellschaft herbeiwünschen? Wir bejahen die Freiheit, weil wir sie genießen und auf ihre Vorzüge nicht verzichten wollen. Also gilt es, das dieser Lebensform angemessene Selbstvertrauen zu entwickeln, um in ihr menschlich leben zu können.

Es ist erwiesen, dass Misstrauen und destruktive Einstellungen nicht nur unglücklich, sondern auch krank machen können. Umgekehrt wirken positive Einstellungen zum Leben wie Vitamine. Ein finnisch-amerikanisches Forscherteam befragte vor einiger Zeit 2500 Männer über eine Dauer von sechs Jahren hinweg danach, wie sie sich selbst und ihre Zukunft einschätzten. Bereits in diesem recht kurzen Zeitraum zeigte sich: Verzagte und Pessimisten werden häufiger von Krebserkrankungen befallen. Noch verblüffender ist ein anderes Untersuchungsergebnis, wonach auch die Zahl der erlittenen Unfälle oder Gewaltverbrechen bei denen wesentlich höher lagen, die mit negativen Vorerwartungen und ohne Vertrauen an das Leben herangehen. Die Forscher sprechen von *hohen Hoffnungslosigkeitswerten* – kein schönes Wort, aber es trifft den Zusammenhang. Auch war das Herzinfarktrisiko zweieinhalb Mal höher als bei den optimistisch eingestellten Männern. Sogar die Rekonvaleszenzzeit der Infarktpatienten fiel bei positiver Einstellung kürzer aus.

Selbstvertrauen ist die beste Selbstversicherung. Das gilt auch in einer Risikogesellschaft, gegen deren Gefahren wie Unfälle, Naturkatastrophen, Diebstahl, Einbruch, Krankheit und Tod wir uns immer lückenloser zu versichern trachten. Aber eine total versicherte Welt wäre ein Gefängnis. Eine Vollkasko-Mentalität würde vergessen machen, dass Leben ein Risiko ist, dass jede Begegnung ein Wagnis bedeutet und dass wir im Grunde jeden Tag als ein Abenteuer beginnen. Ohne Vertrauen könnten wir uns schon in unserer Jugend begraben lassen. Wer leben will, muss die permanente Krise des Vertrauens meistern und braucht dazu ein stabiles – geschenktes und erkämpftes – Selbstvertrauen. Diese Anforderung ist nicht übermenschlich, und ihre Erfüllung macht uns nicht zu Übermenschen, sondern sie lässt uns Mensch sein unter Menschen.

Nur wer sich selbst vertraut, kann auch zu anderen wirklich Vertrauen haben. Anderen vertrauen oder auch nur trauen – die Vorsilbe *ver* signalisiert ja im Grunde etwas Negatives – bedeutet, dass ich zunächst einmal Gutes, ja das Beste von ihnen annehme. Ich gehe also mit einem gedanklichen und gefühlsmäßigen Vorschuss in eine Begegnung hinein. Ich hatte eine unausgesprochene und meistens wahrscheinlich sogar unbewusste Vermutung, dass der andere mein Vertrauen verdient, dass er mich nicht *übers Ohr haut,* mich nicht enttäuscht und mein Vertrauen nicht ausnutzt. Dies ist wichtig für jede Begegnung und erst recht für eine dauerhaft werdende Begegnung – hier verwenden wir das Wort Beziehung –, ohne die ja niemand von uns leben kann. Darum ist Vertrauen die Grundlage allen menschlichen Zusammenlebens und jeder auf Gemeinschaft gründenden oder zielenden Kommunikation.

Das gilt übrigens nicht nur für zwischenmenschliche Kommunikation. Auch Tiere bringen uns Vertrauen entgegen, vor allem wenn sie sich, wie die Haustiere, von uns abhängig machen. Ob dies Vertrauen immer berechtigt ist, ist eine andere Frage. Unsere Katze hat einmal einen ganzen Rehrücken aufgefressen, den ich zum Abtauen auf den Küchentisch gelegt hatte. Mit Tieren ist also die stillschweigend getroffene Vereinbarung gegenseitigen Vertrauens, seiner Inhalte und seiner Grenzen nicht so leicht möglich und vor allem nicht gesichert. Vertrauen setzt also offenbar eine gewisse Triebsteuerung voraus und hat einen auch geistigen Hintergrund, nicht nur eine emotionale Qualität.

Eins können Tiere und Menschen, vor allem Kinder, gemeinsam zeigen und damit unser Herz erweichen: Zutraulichkeit. Sie schmeicheln sich ein, kommen auf uns zu – der Hund mit wedelndem, die Katze mit erhobenem Schwanz – und werben um unsere Aufmerksamkeit und Zärtlichkeit. Ein Kind blickt mit weit geöffneten Augen zu uns auf, sucht unsere Berührung, meist ohne etwas zu sagen. Aber auch Worte können durch den Ton der Stimme, die eine bestimmte Höhe und einen unverwechselbaren Schmelz zeigt, unser Herz gewinnen und nicht nur Vertrauen, sondern sogar Zuneigung und Liebe hervorrufen.

Vertrauen unter Menschen hat eine eigene Sprache, die über die ansprechende und gewinnende Körpersprache weit hinausgeht. Sie äußert sich verbal: Wir treten mit unseren Mitmenschen in Austausch. Dieser Austausch ist, wenn er positiv ausfallen soll und nicht in Konflikt und Streit mündet, ein gegenseitiges Sich-Anvertrauen von Gefühlen und Meinungen, Informationen und Kenntnissen im Falle einer engen Vertrauensbeziehung auch von Geheimnissen und Intimitäten.

Hatten Sie jemals mit einem Betrüger zu tun? Ist Ihnen in dieser persönlichen Konfrontation oder in den Beispielen, die durch die Presse gingen – es waren

Milliardenbetrüger darunter – aufgefallen, wie gut und gewinnend diese Betrüger aussehen? Vielleicht werden Sie gedacht haben: Der sieht ja gar nicht aus wie ein Betrüger. Aber dann wäre er auch ein schlechter Betrüger und hätte sozusagen seinen Beruf verfehlt, wenn man ihm diesen ansähe. Genau das unterscheidet ihn von den meisten anderen Berufen, die auf ein standesgemäßes Äußeres Wert legen müssen: Vom Banker erwartet man den berühmten Nadelstreifenanzug, vom Künstler die wehende Mähne, vom Geistlichen die zurückhaltende dunkle Kleidung, vom Arzt den weißen Kittel und so weiter. Dass darin häufig auch schon ein Betrug liegen kann – man muss nur an den Herzklappenskandal erinnern –, sei nur am Rande erwähnt.

Aber der Betrüger, der natürlich keinen speziellen Beruf als solchen vertritt, muss auf ein tadelloses Outfit und vor allem auf eine saubere Haut und einen treuherzig-ehrlichen Gesichtsausdruck höchsten Wert legen. Besonders den weit geöffneten, zugewandten blauen Augen traut man nichts Böses zu – nach dem alten, aber kaum begründeten Volksspruch: „Des Auges Bläue bedeutet Treue." Wer das glaubt, ist selber etwas *blauäugig* und fällt allzu sehr auf äußeren Gestus und Habitus herein.

Aber damit will ich nicht Misstrauen säen, denn Zutraulichkeit ist eine wunderschöne Eröffnung eines Kontaktes, ist der Auftakt einer Begegnung, die gut und beglückend zu werden verspricht. Allerdings ist es nur der Auftakt. Zutraulichkeit selbst ist noch kein gefestigtes und begründetes Vertrauen. Dieses muss erst wachsen, sich entwickeln, sich bewähren und beweisen.

Aber mit dem Wort *beweisen* gehe ich wohl schon einen Schritt zu weit: Denn Vertrauen, das bewiesen werden muss, ist im Grund schon einem Misstrauen gewichen. Und dennoch: Wenn Vertrauen über längere Zeit erhalten werden soll, darf es zumindest nicht widerlegt und enttäuscht werden.

* Vertrauen ist eine zarte Pflanze, nicht aber eine empfindliche Mimose, die ständig gepflegt und behütet werden muss.
* Vertrauen wird erwiesen, nicht bewiesen. Es ist die tragfähige Brücke, über die wir zwar täglich gehen, an der wir aber auch täglich bauen müssen.
* Das Vertrauen gehört zu den seltenen kostbaren Dingen, die es umsonst gibt. Gewöhnlich denken wir: Alles Gute hat seinen Preis – was nichts kostet, kann nicht viel wert sein. Meistens ist es ja auch so, dass uns nur billige Ramschware oder ein altes gebrauchtes Gerät nachgeworfen wird – um den edlen Ausdruck *geschenkt* zu vermeiden.

Zum Glück gibt es aber auch ganz andere Erfahrungen:

* Die kostbarsten Dinge im Leben gibt es umsonst: die Luft zum Atmen, die Liebe und eben auch das Vertrauen. Wir können es vielleicht erschleichen, aber wir können es nicht kaufen und lassen es uns auch nicht abkaufen. Vertrauen schenkt man oder schenkt man eben nicht. Darum sind wir uns auch so oft seines Wertes nicht bewusst – gewohnt, den Wert einer Ware nach ihrem Preis anzusetzen.

• Vertrauen hat keinen Preis, unterliegt keiner Währung, kann daher nicht abgewertet und braucht nicht aufgewertet zu werden. Vertrauen hat seinen zeitlosen und elementaren Wert. Es ist die Währung zwischenmenschlicher, ja kosmischer Kommunikation schlechthin.

Geben oder bekommen – beides bereichert uns. Vertrauen macht offener, froher, erfüllter mit Liebe und Lebenssinn. Vertrauen beschert uns Begegnungen und Freundschaften, Freude am Leben und an uns selbst – das alles ohne Kosten, ohne besonderen Aufwand und im Grunde nur durch eine Lebenseinstellung, die selbstverständlich sein sollte und doch offenbar für viele nicht selbstverständlich ist.

Leben findet im Augenblick statt: Carpe diem – pflücke den Tag. Erfülle ihn und lass dich von ihm erfüllen. Zwar können und wollen wir nicht ohne Hoffnung und Zukunft leben, aber diese Hoffnung zum einzigen Lebensinhalt zu machen, hieße zugleich, die Gegenwart auf dem Altar der Zukunft zu opfern. In der Jugend kann man nicht schnell genug erwachsen werden, als Erwachsener nicht schnell genug reich und erfolgreich. Doch wer immer strebend sich bemüht, hat etwas Unerlöstes in sich, das ihn unstet und flüchtig macht.

Großartig aber und für die Menschheit unentbehrlich ist der Antrieb nach Vervollkommnung, der die Kultur ihre Entwicklung verdankt. Der göttliche Skandal in uns, der mit dem Unfertigen nicht zufrieden ist, sondern nach dem Vollkommenen dürstet, gehört zum Menschen wie die Hoffnung, die über das Diesseits hinausreicht. Nur kommt es darauf an, dass diese Hoffnung nicht auf Kosten des Hiesigen lebt. Sonst muss man den Gläubigen zurufen: Lasst euch den Glanz und die Schönheit der Wirklichkeit nicht nehmen!

Wer jedes Jahr beginnt, als ob es das erste wäre, und so intensiv erlebt, als ob es das letzte sei, wird es als ein sorgsam zu hütendes Geschenk hinnehmen, das, je rarer es wird, an Wert gewinnt. Er wird den Frühling freudig erwarten, sich an der Blütenpracht des Sommers erfreuen, die Frucht des Herbstes einbringen und die Ruhe des Winters genießen. Er wird seine Mitmenschen achten und versuchen, auch ihnen etwas zu geben, das der Erinnerung wert ist. Er wird seine Arbeit so tun, dass sie den Tag überdauert und sich und anderen Befriedigung schenkt.

Die vielen kleinen Schritte sind es, die Taten der Liebe und des guten Willens, die Entschlüsse der Vernunft und die Handlungen der Zuversicht, die die Welt am Leben halten.

5.2   Aus Kontrolle wird Selbstbestimmung

Malte R. Güth

Einer der faszinierendsten scheinbaren Widersprüche der Psychologie ist der zwischen Beharrlichkeit und Flexibilität. Auf der einen Seite steht das Verhalten, mit dem wir versuchen, ferne Ziele zu erreichen, jeden Schritt im Voraus zu planen und uns die Umstände bewusst zu machen, die unser Verhalten formen. Dazu im Kontrast stehen Achtsamkeit und die Bereitschaft, spontan unser Handeln anzupassen, ohne lange darüber nachzudenken. In fast allen Disziplinen der Psychologie findet sich ein Beispiel für diesen Dualismus. Es gibt Theorien, die ihn benutzen, um zu erklären, wie unsere basale motorische Steuerung abläuft (Chen et al. 2010; Todorov und Jordan 1889), wie wir unser Kurz- oder Arbeitsgedächtnis nutzen (Braver 2012; Braver et al. 2010), wie wir in Privat- sowie im Berufsleben kurz- und langfristige Ziele verfolgen (Braver 2012; Braver et al. 2010), wie wir konkurrierende Bedürfnisse z. B. nach Freizeitvergnügen oder Pflichten priorisieren (De Pisapia und Braver 2006), wie Schizophrenie (Cohen und Braver 1996; Poppe et al. 2016), Drogenabhängigkeit (Brevers et al. 2017; Tang et al. 2015) oder andere psychiatrische Erkrankungen funktionieren und vieles mehr.

Um effektiv mit der Welt in Kontakt treten zu können, müssen wir zur flexiblen Anpassung und zum proaktiven Planen in der Lage sein. Wollen wir sozialen Regeln der Gesellschaft Folge leisten, müssen wir uns beispielsweise beim Essen mit der Familie, beim Bier trinken mit Freunden, auf einer Hochzeit, in der Geschäftssitzung oder im Vorstellungsgespräch daran erinnern, welche Verhaltensweisen allgemein akzeptiert sind. Planende Kontrolle hilft in diesen Fällen, mein Handeln langfristig den Umweltanforderungen anzupassen. Hingegen, wenn meine Interviewer im Vorstellungsgespräch mich mit ihren Fragen überraschen und alle meine Vorbereitung sich als nutzlos herausstellt, muss ich spontan meine Gedanken neu sortieren können. Ich schalte um, reagiere auf die wenigen Informationen, die mir mein Interviewpartner im Augenblick durch seine Fragen zuwirft und wende peinliches

Schweigen durch schnelles, unbeschwertes Denken ab. Die passende Balance dieser Steuerungsstrategien zu schaffen, ist, was uns ans Ziel führt.

Zum einen ist die Allgegenwärtigkeit dieses Dualismus von Beharrlichkeit und Flexibilität Beweis, dass über psychologische Disziplinen hinaus Wissenschaftler im Grunde genommen ähnliche Vorstellungen menschlichen Handelns haben. Bei all dem Streit zwischen Theorieschulen und Fachrichtungen ist das ein tröstlicher Gedanke. Zum anderen weist der scheinbare Widerspruch für einen philosophischen Charakter auf: Verstehen wir Beharrlichkeit als Kontrolle und Flexibilität als Freiheit, steckt im Einklang der beiden die Lösung zum rechten Maß der Emotionsregulation.

Freiheit geben, wenn sie Raum hat, und Kontrolle ausüben, wenn wir sie brauchen – diese einfache Vereinbarung – angewendet auf unsere Emotionen – verhilft zur Balance. Wann immer wir eine Emotion erleben, müssen wir sie anerkennen und in den Kontext einordnen, der sie hervorgebracht hat. Nehmen wir uns die Freiheit, alles wahrzunehmen, was wir empfinden, verhindern wir Verklemmtheit und Verdrängung. Wir ersticken das Gefühl nicht gleich im Keim, sondern geben Freiheit. Wenn dem Gefühl dieses Recht zuerkannt wird, können wir uns erlauben, zu kontrollieren. Wir können neu bewerten und das Gefühl beeinflussen, wenn nötig. Unangebrachte Impulse können unterdrückt und Überraschung über einen Erfolg zum Genuss verstärkt werden.

Diese Balance ist selbstbestimmt. Sie kann nicht vorgeschrieben oder gelehrt, aber sie kann erlernt werden. Durch Übung können wir uns in einem rechten Maß an

Kontrolle schulen. Dieser Lernprozess ist lang und schwierig. Doch das macht ihn umso lohnenswerter. Zu entscheiden, wann wir Emotionen freien Lauf lassen und wie wir unsere Emotionen regulieren, ist ein Zeugnis von Reife. Zudem ist es ein Ausdruck unserer Persönlichkeit, die wir über viele Jahre der Selbsterfahrung geformt haben. So entsteht ein tiefgründiger, gestärkter Charakter, der durch freie Entscheidungen, zu dem geworden ist, was er der Außenwelt präsentiert. Im Endeffekt erleben wir auf diese Art Selbstwirksamkeit: Unsere Handlungen und bewussten Entscheidungen haben Wirkung auf uns wie auf unsere Umwelt. Emotionen entstehen und verflüchtigen sich, weil wir uns dazu entschieden haben.

Ein neuer Gedanke

Überall liegen Scherben. Sie hat es ihm auf den Kopf zugesagt. Ja, hat er ihr gestanden, dass es eine andere gibt, dass er sie liebt und zu ihr ziehen wird. „Arschloch!", hat sie gebrüllt. „Hau ab!" hat sie geschrien. Und ihm hinterher gerufen: „Hast du nicht gesagt, nie wolltest du so einer werden, der seine Kinder im Stich lässt. Du wolltest ein guter Vater sein." Das hat sie geschrien und die Tür hinter ihm zugeknallt. Wahrscheinlich hat er sie nicht mal mehr gehört, so eilig ist er aus dem Haus gerannt.

Sie sieht die Szene wieder vor sich. Voller Wut wirft sie mit Wucht die Teetasse – ihre Lieblingstasse auf den Boden. Sie schreit und schimpft. Und bückt sich dann und klaubt die über den Küchenboden verstreuten Scherben vom Boden. Durch das Loch in der Sohle ihres Hausschuhs saugt sich einer ihrer Socken voll mit Tee. Zornig wirft sie die Reste ihrer Tasse in den Müll. „He", denkt sie, „ich bin so dämlich, alles muss ich kaputt machen!"

Sie lässt sich auf den Küchenstuhl fallen und sackt über dem Küchentisch zusammen. Sie weint. Sie liegt mit ihrem Gesicht auf dem Küchentisch, unter ihr rascheln die Rechnungen, Mahnungen und gesammelten Bankauszüge. Ihre Arme liegen vor ihrem Kopf. Sie fühlt sich elend. Ihre Finger tasten die vielen verhassten Blätter. Sie krallt sich in so einen Papierhaufen und zerknüllt ihn. Wie ist ihr das alles so über den Kopf gewachsen? Was ist los mit ihr? Sie hat das doch bisher auch geschafft? Ja, früher! Da war es einfacher. Sie war glücklich und nicht so allein. Wie sehr sehnt sie sich nach seiner Umarmung, nach ihm, der ihr zuflüstert, dass alles wieder gut wird, dass sie sich beruhigen kann, dass sie nicht zu weinen braucht und dass sie das ja nicht alleine durchstehen muss. Bei diesem Gedanken schüttelt sie ein Weinkrampf.

Aber er ist weg und wird nicht wieder kommen. Seitdem ist die Last, die sie auf ihren Schultern spürt, täglich schwerer geworden. Selbst wenn sie gerade keine Rechnungen bezahlt, die Kinder bei den Hausaufgaben unterstützt, mit dem Auto ihrer Eltern einkaufen fährt, in ihrer Arbeitspause mit dem Fahrrad nach Hause kommt, um Mittagessen zu kochen, bevor die Kinder aus der Schule kommen und sie nach einem hastigen Bissen mit der Brotstulle in der Hand wieder zurück zur Arbeit fährt, fühlt sie, wie ein unsichtbares Gewicht sie zu Boden drückt. Sie will doch stark sein! Für ihre Kinder muss sie stark sein. Doch dann schüttelt es sie wieder. Sie heult so schlimm, dass die Kinder sie bestimmt hören können. Hoffentlich ist der Fernseher laut genug!

Die Blätter unter ihrem Gesicht sind von Tränen verschmiert, ihre Augen rot verquollen. „Wäre ich besser gewesen, wäre ich nur liebevoller gewesen, wäre ich …", sie weiß gar nicht, was sie hätte tun sollen. Und doch brennt in ihr die Gewissheit, dass alles ihre Schuld ist … Ihr Herz schmerzt. Gerade jetzt fühlt sie wieder das Bedürfnis, wegzurennen. Irgendwohin, wo sie alles vergessen kann. Aber das kann sie nicht. „Ich muss stark sein. Ich muss das hinkriegen", sagt sie zu sich selbst. „Ich kann mich nicht so gehen lassen."

War da was? Sie muss es sich einbilden. Eine sanfte Hand legt sich auf ihre Schulter. Das kann nicht sein! Eine Hand streichelt ihr über den Nacken und dünne Finger fahren durch ihre Haare. Sie erschrickt und sieht auf. Ihr Jüngster steht in der Küche. Neben ihr. Seine großen Augen verraten, wie verstört er ist. Sie schluchzt noch einmal. „So kann er dich doch nicht sehen", denkt sie. Jetzt ist es zu spät. Sie wollte stark sein, und er sieht sie an ihrem armseligsten Punkt. „Wieso kann ich nicht aufhören, zu weinen?", fragt sie sich wütend. „Hör auf, du dumme Kuh! Nicht einmal das kannst du!"

Seine Arme schließen sich um sie, und sie weint noch heftiger, immer noch auf dem Tisch zusammengesunken. Er sagt nichts. Je lauter ihr Schluchzen wird, desto fester wird seine Umarmung. Sie mag sich nicht ausmalen, was er über sie wohl denkt. Was würde sie denken, wenn sie ihre Mutter so vorfinden würde? „Dass es ihr schlecht geht", antwortet sie sich selbst. „Dass sie dringend Hilfe braucht."

Erinnerungen an die Pleite ihrer Eltern tauchen auf. Insolvenz. Wie viele Hoffnungen hatten sie damals in den Laden gesetzt. Und jetzt? Was sollten sie mit dem ganzen Sortiment teurer Ski-Ausrüstung anfangen? Wie hatte ihre Mutter damals geweint! Natürlich nur, wenn sie hundertprozentig sicher war, dass keines ihrer Kinder sie sehen würde. Wie gerne wäre sie zu ihr gegangen, wie gerne hätte sie dafür gesorgt, dass ihre Mutter wieder glücklich werden würde…

„Man lernt aus den Fehlern", hatte ihre Mutter gesagt. „Auch wenn der Laden weg ist, geht es weiter. Wir hatten keinen Erfolg damit, das heißt ja nicht, dass alles umsonst war." Ihre Mutter hatte sich Beschwichtigungssätze ausgedacht: „Wir können die Ausrüstung aufheben. Wir können versuchen, so viel wie möglich davon reduziert zu verkaufen. Es findet sich bestimmt immer mal wieder einer, der so eine Jacke nimmt. Und – Vater kriegt einen anderen Job, er mit seinen guten Geschäftskontakten! Viel wird's vielleicht nicht sein, aber es reicht." Sie hatte Recht behalten. Immer wieder mit einem Lächeln ist sie aufgestanden. Wie sie das nur hinbekommen hat? Scheinbar mühelos fand sie einen Gedanken, der sie über den Berg brachte, der sie lange genug durchhalten ließ.

„Iss ok", flüstert ihr Sohn schließlich. „Ja, das ist es", denkt sie und hebt den Kopf. Sie nimmt nun ihren Sohn in die Arme und streicht ihm durch den glänzenden Haarschopf. Und wenn sie auch allein ist, sie hat jemanden, der es wert ist, wieder aufzustehen. „Wein' ruhig", sagt er. „Iss ok", sagt er noch einmal. „Dir geht es nicht gut."

Ihre Tränen versiegen. Der Schmerz in ihrem Herzen und der Druck auf ihren Schultern sind noch da. Aber sie ist entschlossen: Sie kann das ertragen. Niemand zwingt sie, alles „fortzulächeln" wie ihre Mutter oder sofort die innere Stärke aufzubringen, um ihre Trauer zu überwinden.

Solange sie immer wieder aufsteht und optimistisch bleibt, kann sie weinen. Der Schmerz der Vergangenheit wird noch lange bleiben. Da macht sie sich nichts vor. Alles andere wäre lächerlich. Sie liebt und fühlt, also muss es wehtun, wenn ihr die Liebe genommen wird. Sie wird wieder lieben, wieder lachen und wieder weinen, solange sie sich dafür entscheidet.

Ein wichtiger Aspekt dieses Beispiels, und darüber hinaus dieses Buches ist, dass wir Kontrolle besitzen. Wir können zwar nicht bestimmen, welche Gefühle in uns entstehen, aber wir können beeinflussen, welche Macht sie über uns haben. Unsere Gedanken und Handlungen besitzen Wirksamkeit. Indem wir uns dem stellen, was zunächst unkontrollierbar und unangenehm erscheint, können wir Einfluss darauf nehmen: Wir bewerten die Situation neu, reflektieren, ob die intuitive Lösung und die automatisch aufkommenden Gedanken wirklich die einzigen Erklärungen für unseren Zustand sind.

Selbst wenn es im Augenblick nicht gelingt, ein Verhalten, für das wir uns schämen, anzupassen oder neu darüber nachzudenken, hilft es, zu wissen, dass wir grundsätzlich die Möglichkeit dazu haben. Allein die Entscheidung dazu hat eine Wirkung. Indem wir aus den bekannten Gedankenmustern ausbrechen, lernen wir mehr über uns und darüber, wozu wir in der Lage sind.

Kraft über uns selbst

Indem wir Vertrauen in uns und andere fassen, gewinnen wir Offenheit für neue Perspektiven, sei es ein Gedanke, der uns vor dem Schmerz rettet oder die Idee, die uns aus einer scheinbaren Sackgasse holt. Gefühle müssen nicht sofort bewältigt oder vollständig kontrolliert werden. Sie sind Ausdruck unseres seelischen Zustandes und unseres Lebens. Zu lernen, sie wahrzunehmen, sie zu deuten und ihnen zu vertrauen, schenkt uns die Möglichkeit, neu über sie nachzudenken und Einfluss auf unsere künftiges Gefühlsleben zu nehmen. In diesem Sinne schenkt Emotionsregulation keine absolute Kontrolle, sondern Aufklärung über die eigenen Gefühle und die Werkzeuge, mit allen Anforderungen des Lebens umzugehen.

Literatur

Braver, T. S. (2012). The variable nature of cognitive control: A dual mechanisms framework. *Trends in Cognitive Sciences*. https://doi.org/10.1016/j.tics.2011.12.010.

Braver, T. S., Cole, M. W., & Yarkoni, T. (2010). Vive les differences! Individual variation in neural mechanisms of executive control. *Current Opinion in Neurobiology*. https://doi.org/10.1016/j.conb.2010.03.002.

Brevers, D., Bechara, A., Kilts, C. D., Antoniali, V., Bruylant, A., Verbanck, P., ... Noël, X. (2017). Competing Motivations: Proactive Response Inhibition Toward Addiction-Related Stimuli in Quitting-Motivated Individuals. *Journal of Gambling Studies,* 1–22. https://doi.org/10.1007/s10899-017-9722-2.

Chen, X., Scangos, K. W., & Stuphorn, V. (2010). Supplementary motor area exerts proactive and reactive control of arm movements. *The Journal of Neuroscience: The Official Journal of the Society for Neuroscience, 30*(44), 14657–14675. https://doi.org/10.1523/JNEUROSCI.2669-10.2010Todorov.

Cohen, J. D., & Braver, T. S. (1996). A computational approach to prefrontal cortex, cognitive control and schizophrenia: Recent developments and current challenges. *Philosophical Transactions of the Royal Society of London. Series B, 351*(1346), 1515–1527.

De Pisapia, N., & Braver, T. S. (2006). A model of dual control mechanisms through anterior cingulate and prefrontal cortex interactions. *Neurocomputing, 69*(10–12), 1322–1326.

Poppe, A. B., Barch, D. M., Carter, C. S., Gold, J. M., Ragland, J. D., Silverstein, S. M., et al. (2016). Reduced frontoparietal activity in schizophrenia is linked to a specific deficit in goal maintenance: A multisite functional imaging study. *Schizophrenia Bulletin, 42*(5), 1149–1157. https://doi.org/10.1093/schbul/sbw036.

Tang, Y.-Y., Posner, M. I., Rothbart, M. K., & Volkow, N. D. (2015). Circuitry of self-control and its role in reducing addiction. *Trends in Cognitive Sciences, 19*(8), 439–444. https://doi.org/10.1016/j.tics.2015.06.007.

Todorov, E., & Jordan, M. I. (1889). Optimal feedback control as a theory of motor coordination. *Nature.Com, 5*(2), 82. https://doi.org/10.2307/3752313.

Printed in the United States
By Bookmasters